AF219229

Impressum
Verlag: BABADADA GmbH, Nedderfeld 112 , 22529 Hamburg
Geschäftsführer / Verlagsleitung: Harald Hof
Druck: Books on Demand GmbH, In de Tarpen 42, 22848 Norderstedt

Imprint
Publisher: BABADADA GmbH, Nedderfeld 112 , 22529 Hamburg, Germany
Managing Director / Publishing direction: Harald Hof
Print: Books on Demand GmbH, In de Tarpen 42, 22848 Norderstedt, Germany

de School

ቤት-ትምህርቲ

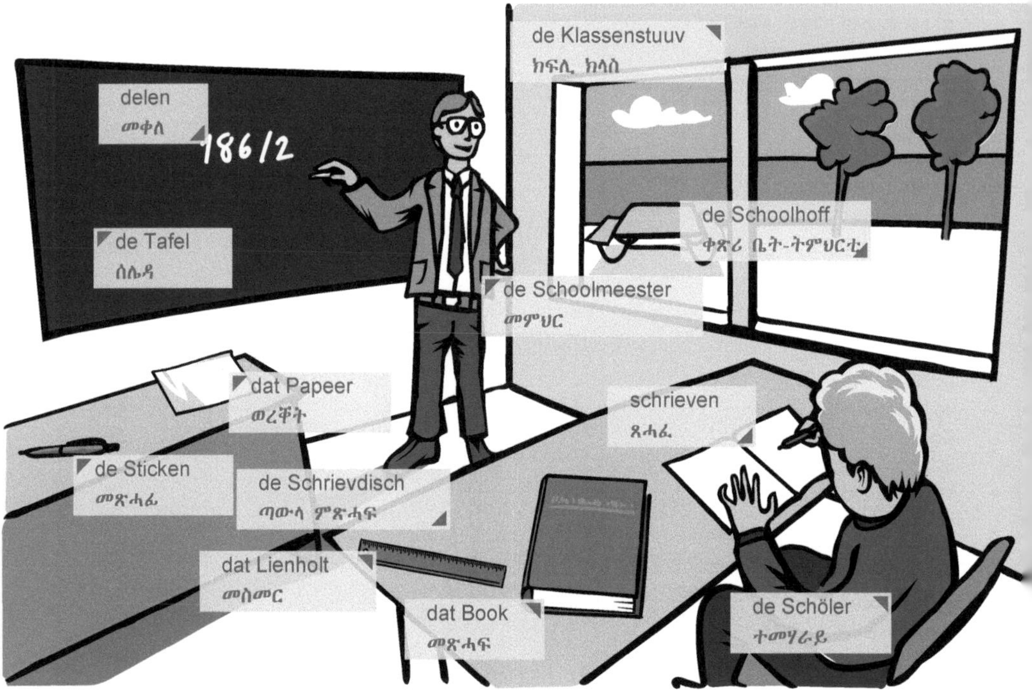

de Klassenstuuv
ክፍሊ, ክላስ
delen
መቀለ
186/2
de Tafel
ሰሌዳ
de Schoolhoff
ቀጽሪ ቤት-ትምህርቲ
de Schoolmeester
መምህር
dat Papeer
ወረቐት
schrieven
ጸሓፈ
de Sticken
መጽሓፊ
de Schrievdisch
ጣውላ ምጽሓፍ
dat Lienholt
መስመር
dat Book
መጽሓፍ
de Schöler
ተመሃራይ

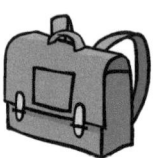

de Ranzel

ሳንጣ ትምህርቲ

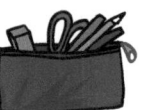

de Feddermapp

ሰፈር ብርዒ

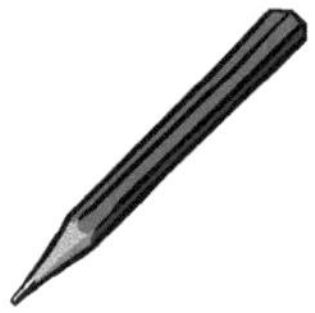

de Bleesticken

ርሳስ

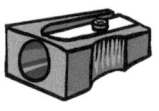

de Scharpmaker

መብልሒ ርሳስ

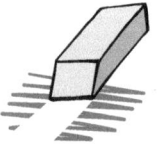

dat Radeergummi

መደምሰሲ

de Tekenblock

ጥራዝ ስእሊ

de Teken

ስእሊ.

de Pinsel

ብሩሕ ቀለም

de Malkassen

ቦክስ ቀለም

de Scheer

መቐስ

de Klever

መጣበቒ

dat Heft to'n Öven

ጥራዝ መላመዲ

de Huusopgaav

ዕዮ ገዛ

12

de Tall

ቁጽሪ

2+2

tohooptellen

ወሰኽ

5-2

aftrecken

ጎደለ

2×2

malnehmen

ረብሓ

reken

ደመረ

A

de Bookstaav

ፊደል

ABCDEFG HIJKLMN OPQRSTU VWXYZ

dat ABC

ስርዓት ፊደላት

hello

dat Woort

ቃል

de Text

ጽሑፍ

lesen

አንበበ

de Kried

ኩርሽ

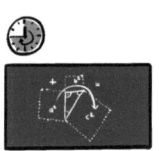

de Stunn

ሰዓት

dat Klassenbook

መዝገብ ክላስ

de Pröven

መርመራ

dat Tüügnis

ሰርቲፊከት

de Schooluniform

ድቢዛ ቤት ትምህርቲ

de Utbillen

ትምህርቲ

dat Nakieksel

ለክሲኮን

de Universität

ዩኒቨርሲቲ

dat Mikroskop

ሚክሮስኮፕ

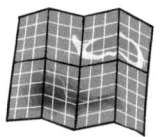

de Koort

ካርታ

de Papeerkorf

ጎሓፍ ወረቐት

de Törn

መገሻ

dat Hotel
መቐበሊ ኣጋይሽ
Grand
de Harbarg
ሆስተል
ROOMS
CHANGE
de Wesselstuuv
ቦታ ቅያር ገንዘብ
de Kuffer
ባሊጃ
dat Auto
መኪና

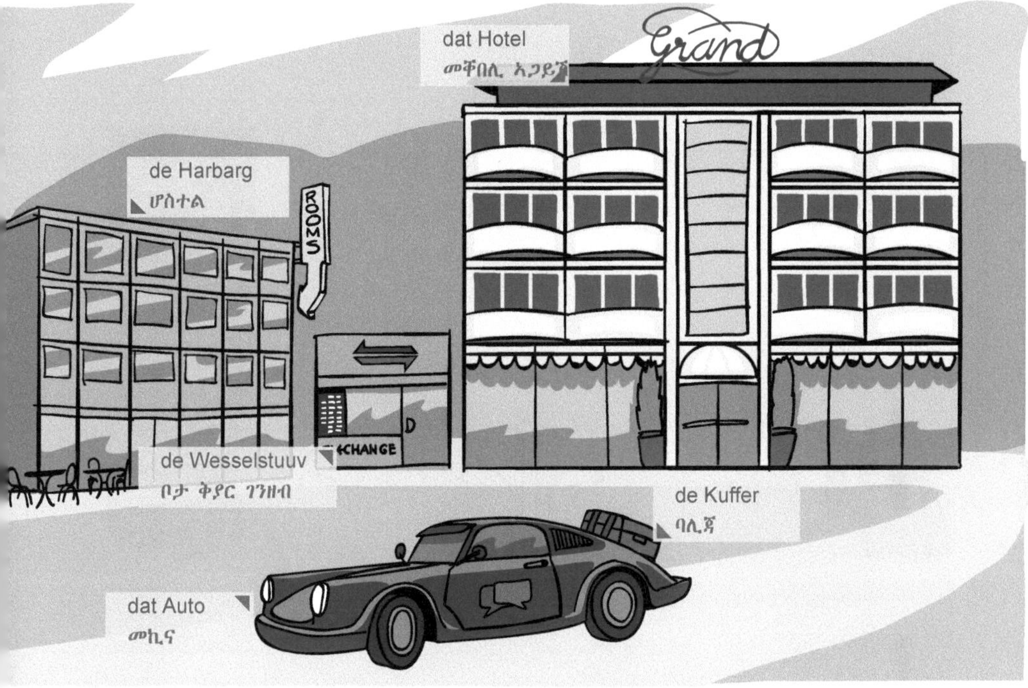

de Spraak

ቋንቋ

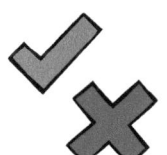

jo / ne

እወ / ኖ

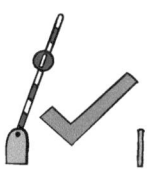

Jo

ሕራይ

Moin

ሰላም

de Översetter

ኣስተርጓሚ

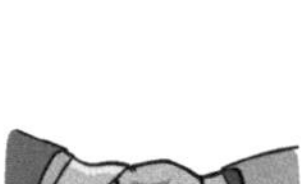

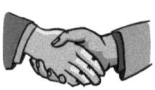

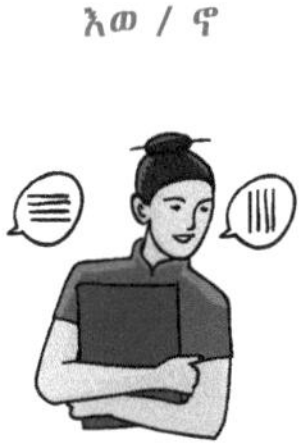

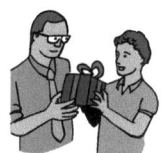

Dank ok

የቐንየለይ

Wat kost...?

. . . ክንደይ ዋግኡ?

Ik verstah nich

አይተረድኣኹን

dat Problem

ሽግር

Goden Avend

ሰላም ምሸት!

Moin!

ከመይ ሓዲርካ

Gode Nacht!

ሰላም ለይቲ

Tschüüs

ደሓን ኩን

de Richt

አንፈት

de Bagaasch

ጉዓዝ

de Tasch

ሳንጣ

de Rüchsack

ሳንጣ ሕቖ

de Gast

ጋሽ

de Stuuv

ክፍሊ.

de Slaapsack

ከሻ መደቐሲ.

dat Telt

ቴንዳ

Touristeninformatschoon

ሓበሬታ በጻሕቲ ሃገር

de Strand

ገምገም ባሕሪ

de Kreditkoort

ክሬዲት ካርድ

dat Fröhstück

ቁርሲ

dat Meddageten

ምሳሕ

dat Avendeten

ድራር

de Fohrkort

ቲከት

de Fohrstohl

ሊፍት

de Breefmark

ማሕተም ደብዳበ

de Grenz

ዶብ

de Toll

ድንና

de Bottschop

ኣምበሲ

dat Visum

ቪዛ

de Pass

ፓስፖርት

de Transport

መጓዓዝያ

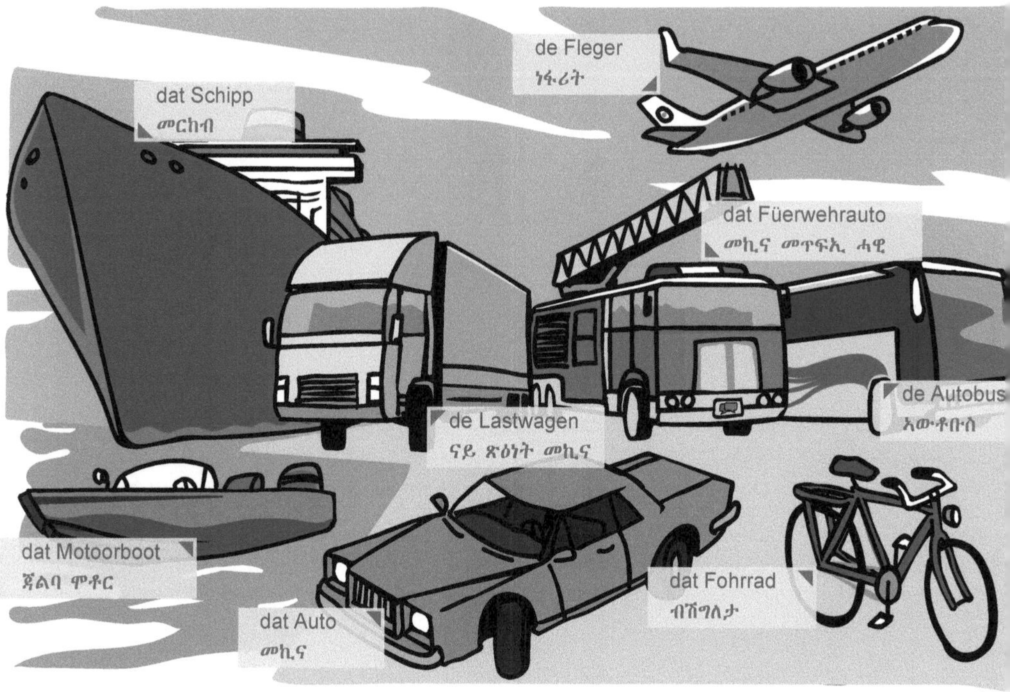

de Fleger
ነፋሪት
dat Schipp
መርከብ
dat Füerwehrauto
መኪና መጥፍኢ ሓዊ
de Autobus
ኣውቶቡስ
de Lastwagen
ናይ ጽዕነት መኪና
dat Motoorboot
ጀልባ ሞቶር
dat Fohrrad
ብሽግለታ
dat Auto
መኪና

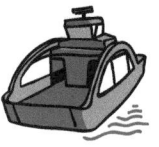

de Fähr

ፈሪ

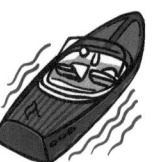

dat Boot

ጀልባ

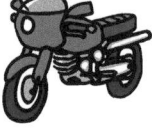

dat Motoorrad

ሞቶ

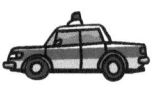

dat Polizeiauto

መኪና ፖሊስ

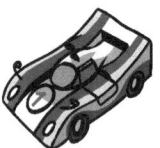

dat Rönnauto

መኪና ቅድድም

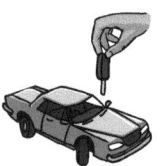

de Lehnwagen

ክራይ መኪና

dat Carsharing

ምውፋይ መካይን

de Afsleepwagen

መወሰዲ መኪና

dat Müllauto

መኪና ጎሓፍ

de Motoor

ሞቶር

de Kraftstoff

ነዳዲ

de Tanksteed

እንዳ ነዳዲ

dat Verkehrsschild

ምልክት ትራፊክ

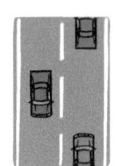

de Verkehr

ትራፊክ

de Stau

ምጭቕጫቕ ትራፊክ

de Afstellplatz

መዐሸጊ መኪና

de Bahnhoff

መዕረፊ ባቡር

de Sporen

ሓዲግ

de Tog

ባቡር

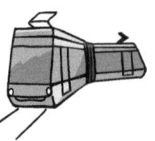

de Stratenbahn

ትረም

de Wagon

ባጎኒ

de Transport - መጓዓዝያ

de Dwarsmöhl

ሄሊኮፕተር

de Flooghaven

መዓረፈ ነፈርቲ

de Tower

ታወር

de Fohrgast

ተጉዓዚ

de Grootkist

ኮንተይነር

de Karton

ሳንዱቕ ካርቶን

de Koor

ኮርሳ ጽዕነት

de Korf

ዘንቢል

starten / lannen

ተብገሰ / ዓለበ

de Stadt

ከተማ

dat Dörp

ቁሸት

de Binnenstadt

ማእከል ከተማ

dat Huus

ገዛ

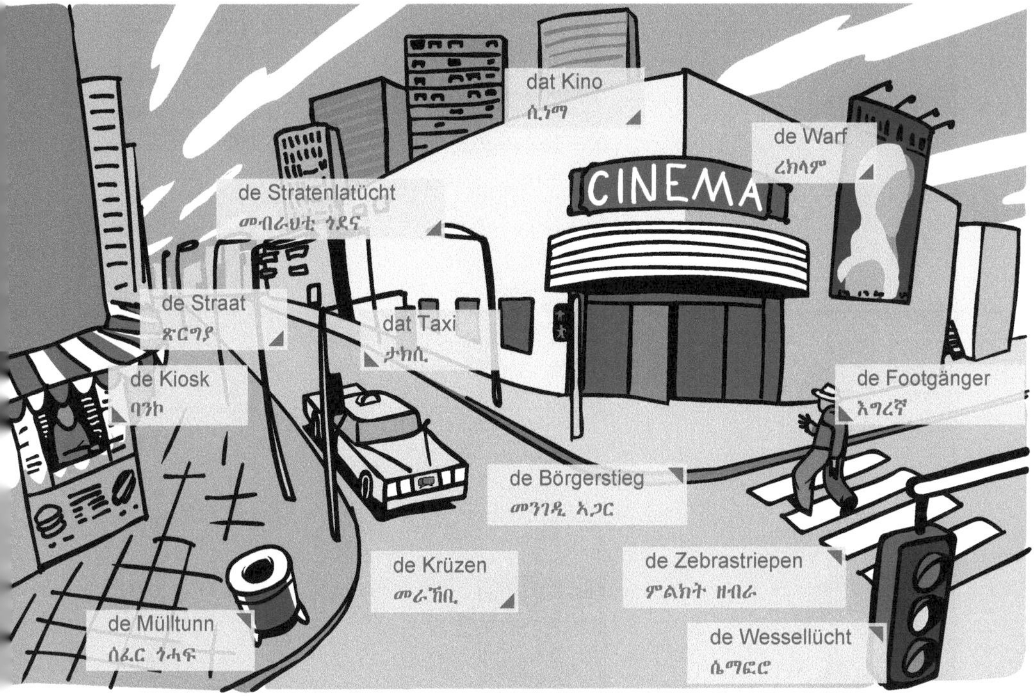

de Stratenlatücht
መብራሕቲ ጎደና

dat Kino
ሲነማ

de Warf
ረክላም

de Straat
ጽርግያ

dat Taxi
ታክሲ

de Kiosk
ባንኮ

de Footgänger
እግረኛ

de Börgerstieg
መንገዲ ኣጋር

de Krüzen
መራኸቢ

de Zebrastriepen
ምልክት ዘብራ

de Mülltunn
ሰፈር ጎሓፍ

de Wessellücht
ሴማፎር

de Hütt
ኣጉዶ

de Wahnung
ኣፓርትመንት

de Bahnhoff
መዕረፊ ባቡር

dat Raathuus
ቤት ምምሕዳር

dat Museum
ቤተ መዘክር

de School
ቤት-ትምህርቲ

de Universität

ዩኒቨርሲቲ

de Bank

ባንክ

dat Krankenhuus

ሆስፒታል

dat Hotel

መቆበሊ ኣጋይሽ

de Afteek

ቤት መድሃኒት

dat Büro

ቤት ጽሕፈት

de Bookhökerie

ዱኳን መጽሓፍቲ

de Hökerie

ዱኳን

de Blomenhökerie

ዱኳን ዕንባባ

de Supermarkt

ሱፐርማርክት

de Markt

ዕዳጋ

dat Koophuus

ሹቅ

de Fischhökerie

ነጋዳይ ዓሳ

dat Inkoopszentrum

ሹቅ

de Haven

መርሳ

de Parkanlaag

መዘናግዒ

de Bank

ባንኪ

de Brüch

ድልድል

de Trepp

መደያይቦ

de Ünnergrundbahn

ባቡር ትሕቲ ምድሪ

de Tunnel

ቢንቶ

de Busstoppsteed

መዕረፊ ኣውቶቡስ

de Bar

ቤት መስተ

dat Spieslokal

ቤት-መግቢ

de Breefkassen

ሰታሪት

dat Stratenschild

ታቤላ

de Parkklock

ሰዓት ፓርኪንግ

de Deertenpark

መካነ እንስሳታት

de Baadanstalt

መሓምበሲ

de Moschee

መስጊድ

de Buernhoff

ቤት ሕርሻ

de Ümweltversmudden

ብክላ

de Karkhoff

መቃብር

de Kark

ቤተክርስትያን

de Speelplatz

ቦታ ምጽዋት

de Tempel

ቤት መቕደስ

de Landschop

ስእሊ መሬት

dat Blatt
ኣቝጽልቲ

de Wiespahl
መሕበሪ መገዲ

de Weg
መገዲ

de Wisch
ሻኻ

de Steen
እምኒ

de Boom
ኣግራብ

de Wannerer
ኮብላሊ

de Fluss
ፈለግ

dat Gras
ሰዓሪ

de Bloom
ዕንባባ

dat Daal

ስንጭሮ

de Barg

ጎቦ

de See

ቀላይ

dat Holt

ዱር

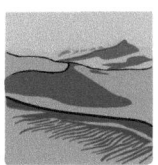

de Wööst

ምድረ በዳ

de Füerspien Barg

እሳተ-ጎመራ

dat Slott

ግምቢ

de Regenbagen

ቀስተ-ደመና

de Poggenstohl

ቃንጥሻ

de Palm

ዓርኮብኮባይ

de Steekmück

ጣንጡ

de Fleeg

ዝንብ

de Miegeemk

ጻጻ

de Imm

ንህቢ

de Spinn

ሳሬት

de Sebber

ሕንዚዝ

de Pogg

ዕንቍርዖብ

de Katteker

ምጽጹሳይ

de Swienegel

ቅንፍዝ

de Haas

ማንቲለ

de Uul

ጉንጓ

de Vagel

ጭሩ

de Swaan

ስዋን

dat Wildswien

መፍለስ

de Hirsch

ዓጋዘን

de Elk

ሙስ

de Staudamm

ግድብ

dat Windrad

ተርባይን ንፋስ

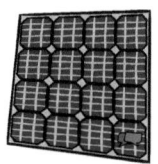

dat Solarmodul

ሶላር ስርሓት

dat Klima

ኩነታት አየር

dat Spieslokal

ቤት-መግቢ

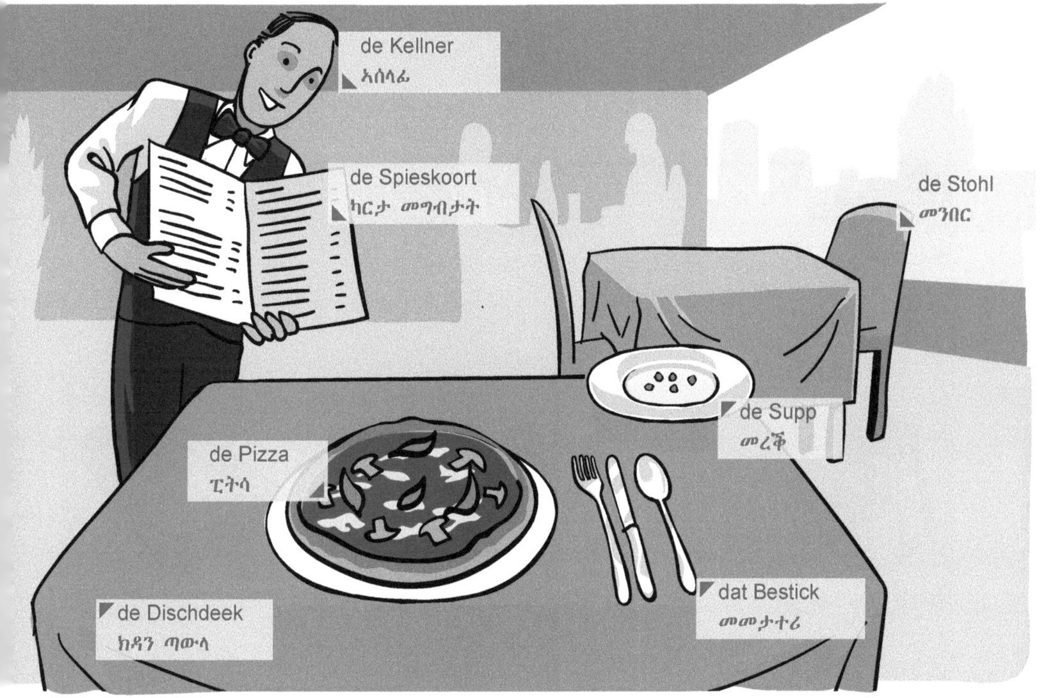
de Kellner
አሰላፊ
de Spieskoort
ካርታ መግብታት
de Stohl
መንበር
de Supp
መረቕ
de Pizza
ፒትሳ
dat Bestick
መመቓተሪ
de Dischdeek
ክዳን ጣውላ

de Vörspies

ቅድመ ቀንዲ መግቢ

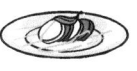

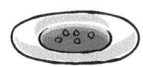

dat Haupteten

ቀንዲ መኣዲ

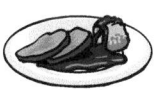

de Nadisch

ድሕረ መግቢ

de Drünk

መስተ

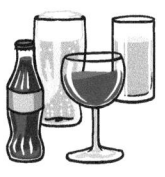

dat Eten

መግቢ

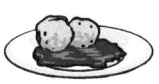

de Buddel

ጥርሙዝ

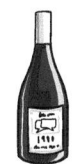

dat Fastfood

ስሉጥ መግቢ.

dat Strateneten

መግቢ. ጽርግያ

de Teekann

ብርጭቆ ሻሂ

de Zuckerdoos

ታኒካ ሽኮር

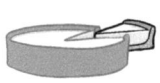

de Portschoon

ክፋል

de Espressomaschien

ማሺን ኤስፐረሶ

de Hoochstohl

ነዊሕ መንበር

de Reken

ጸብጻብ

dat Tablett

ታብለት

dat Mess

ካራ

de Gavel

ፋርከታ

de Lepel

ማንካ

de Teelepel

ማንካ ሻሂ

dat Munddook

ሰርቪየተ

dat Glas

ብኬሪ

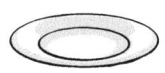

de Töller

ሸሓኒ

de Suppentöller

ሸሓኒ መረቕ

de Ünnertass

ትሕቲ ኩባያ

de Sooß

ጸብሒ

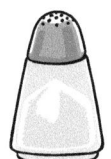

de Soltstreuer

ወሃቢ ጨው

de Pepermöhl

መጥሓን በርበረ

de Etig

ኣቾቶ

dat Ööl

ዘይቲ

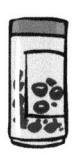 

de Krüder

ቀመም

de Ketchup

ከቹፕ

de Mostrich

ኣድሪ

de Mayonnaise

ማዮኔዝ

de Supermarkt

ሱፐርማርክት

dat Anbott
ወፈያ
FOR
de Kunn
ዓሚል
de Melkprodukten
ፍርያታት ጸባ
dat Aaft
ፍረታት
de Inkoopswagen
ሰረገላ ዱኳን

BUTCHERS

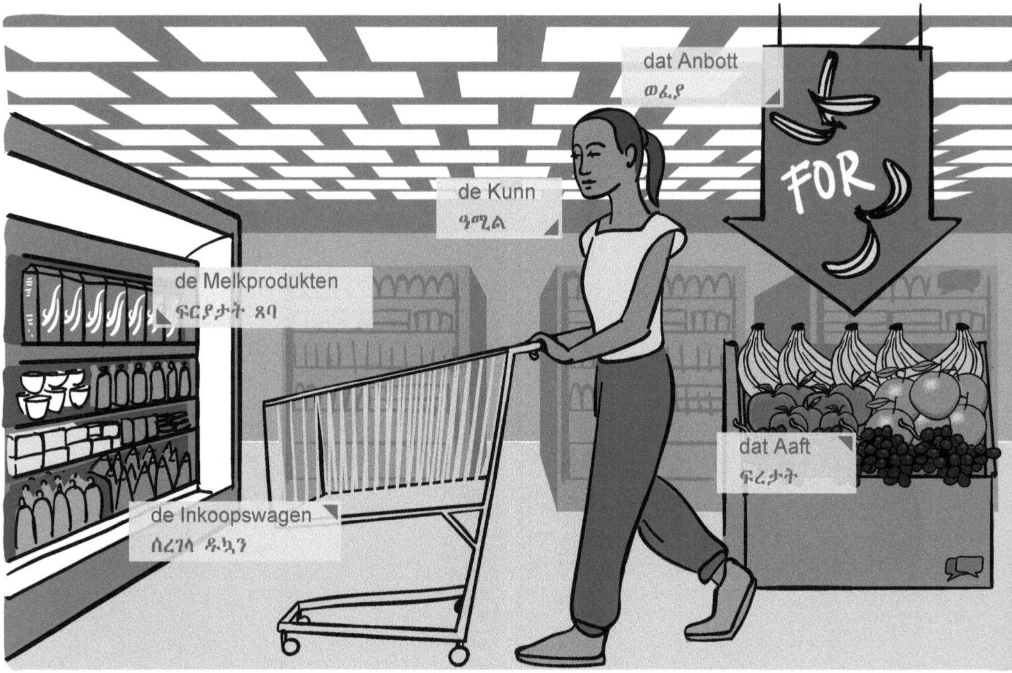

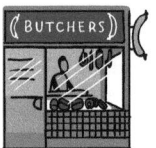

de Slachterie

እንዳ ስጋ

BAKERY

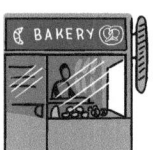

de Bäckerie

እንዳ ባኒ

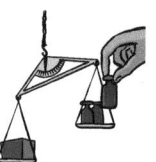

wegen

ክብደት

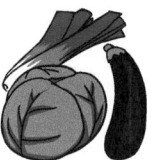

de Gröönsaken

ኣሕምልቲ

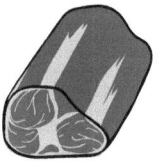

dat Fleesch

ስጋ

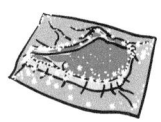

de Deepköhlkost

መግቢ ፍሪጅ በረድ

de Opsnitt

ዝሑል ቅሩብ መግቢ.

de Konserven

እስታቶላ

de Waschmiddel

ኦሞ

de Snoopkraam

ምቁር መግቢ.

de Huushooltssaken

ዘቤታውያን አቕሑ

de Reinmaaktüüch

ናውቲ መጸረዪ.

de Verköpersche

ሸቃጣይ

de Kass

ካሳ

de Kasserer

ተሓዝ ገንዘብ

de Inkoopslist

ዝርዝር ምግዛእ

de Opsparrtieden

ክፉት ሰዓታት

de Breeftasch

ማሕፉዳ

de Kreditkoort

ክረዲት ካርድ

de Tasch

ሳንጣ

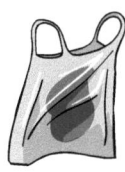

de Plastiktüüt

ፈስታል

dat Water

ማይ

de Saft

ጅማቄ

de Melk

ጸባ

de Cola

ኮላ

de Wien

ነቢት

dat Beer

ቢራ

de Spriet

አልኮል

de Kakao

ካካው

de Tee

ሻሂ

de Koffie

ቡን

de Espresso

ኤስፕረሶ

de Cappucino

ካፑቺኖ

de Banaan

ባናና

de Appel

ቱፋሕ

de Appelsien

አራንሺ

de Meloon

ብርጭቆ

de Zitroon

ለሚን

de Wöttel

ካሮት

de Knuuvlook

ጻዕዳ ሽጉርቲ

de Bambus

ባምቡስ

de Zibbel

ሽጉርቲ

de Poggenstohl

ቅንጥሻ

de Nööt

ፉል

de Nudeln

ፓስታ

de Spaghetti

ስፓገቲ

de Ries

ሩዝ

de Salat

ሰላጣ

de Pommes frites

ቅልዋ ድንሽ

de Braadkantüffeln

ቅሉው ድንሽ

de Pizza

ፒትሳ

de Hamborger

ሃምቡርገር

dat Sandwich

ፓኒኖ

dat Snitzel

ቢስተካ

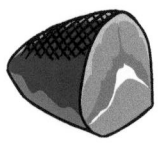

de Schinken

ሰለፍ ሓሰማ

de Salami

ሳላሚ

de Wust

ግዕዝም

dat Hohn

ደርሆ

de Braden

ቀለወ

de Fisch

ዓሳ

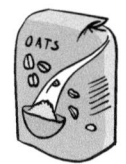

de Haverflocken

ገዓት

dat Müsli

ሙስሊ

de Cornflakes

ኮርንፍለይክስ

dat Mehl

ሓርጭ

de Croissant

ክሮሶን

dat Rundstück

ባኒ

dat Broot

ባኒ

dat Toast

ቶስት

de Keksen

ብሽኮቲ

de Botter

ጠስሚ

de Quark

ርጎኦ

de Koken

ፓስተ

dat Ei

እንቋቑሖ

dat Spegelei

ቅሉው እንቋቑሖ

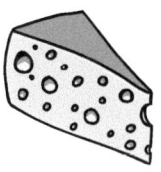

de Kees

ፉርማጆ

de Ies

አይስ ክሪም

de Zucker

ሽኮር

de Honnig

መዓር

de Marmelaad

ጄም

de Nougat-Creme

ኑጋት-ክሪም

dat Curry

ኩሪ

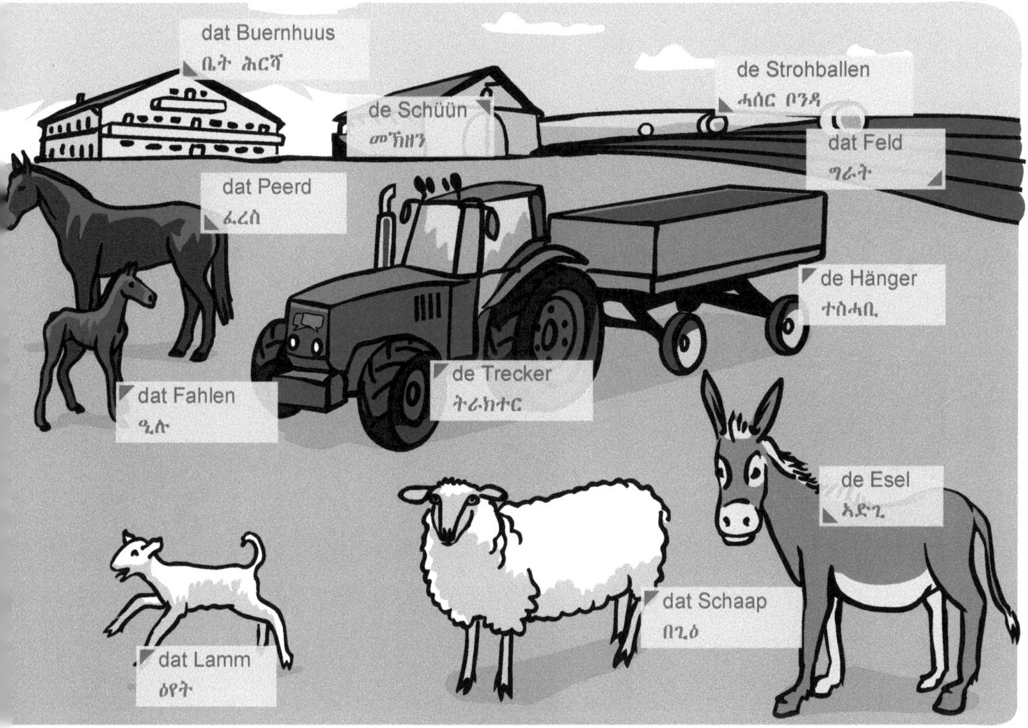

dat Buernhuus
ቤት ሕርሻ

de Strohballen
ሓሰር ቦንዳ

de Schüün
መኽዘን

dat Feld
ግራት

dat Peerd
ፈረስ

de Hänger
ተስሓቢ

dat Fahlen
ዒሱ

de Trecker
ትራክተር

de Esel
አድጊ

dat Schaap
በጊዕ

dat Lamm
ዕየት

de Zeeg
ጤል

de Koh
ብዕራይ

dat Kalf
ምራኽ

dat Swien
ሓሰማ

dat Farken
ውላድ ሓሰማ

de Bull
አርሓ

de Goos

ጓጓ

de Aant

ማይ ደርሆ

dat Küken

ጫቑ..ት

dat Hohn

ደርሆ

de Hahn

እርሓ ደርሆ

de Rott

እንጨዋ ዓባይ

de Katt

ድሙ

de Muus

እንጭዋ

de Oss

ብዕራይ

de Hund

ከልቢ

de Hunnenhütt

እጐዶ ከልቢ

de Goornslauch

ቱባ ጀርዲን

de Geetkann

መዝሬፊ ማይ

de Lee

ዓቢ ማዕጺድ

de Ploog

ማሕረሻ

de Sich

ማዕጺድ

de Hack

ጭኽሮ

de Mestfork

መስአ

de Ext

ፋስ

de Schuufkoor

ዓረብያ ኢድ

de Trog

ጋብላ

de Melkkann

ብርጭቆ ጸባ

de Sack

ክሻ

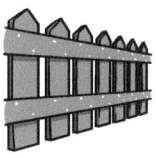

de Tuun

ሓጹር

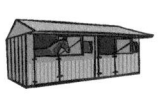

de Stall

መንሰስ

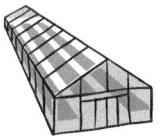

dat Drievhuus

ቆጠልያ ገዛ

de Bodden

ባይታ

de Saat

ዘርኢ

de Dünger

ድኹዒ

de Meihdöscher

ዘጣምር ቀውዓይ

oornen

ቀውዐ

de Oorn

ጻማ

de Yamswöttel

ድንሽ ያም

de Weten

ስርናይ

dat Soja

ሶያ

de Kantüffel

ድንሽ

de Törksche Weten

ዐፉን

de Rapp

ራፕስ

de Aaftboom

ገረብ ፍረታት

de Troopsch Kantüffel

ማኒአክ

dat Koorn

አእኻል

dat Huus

ገዛ

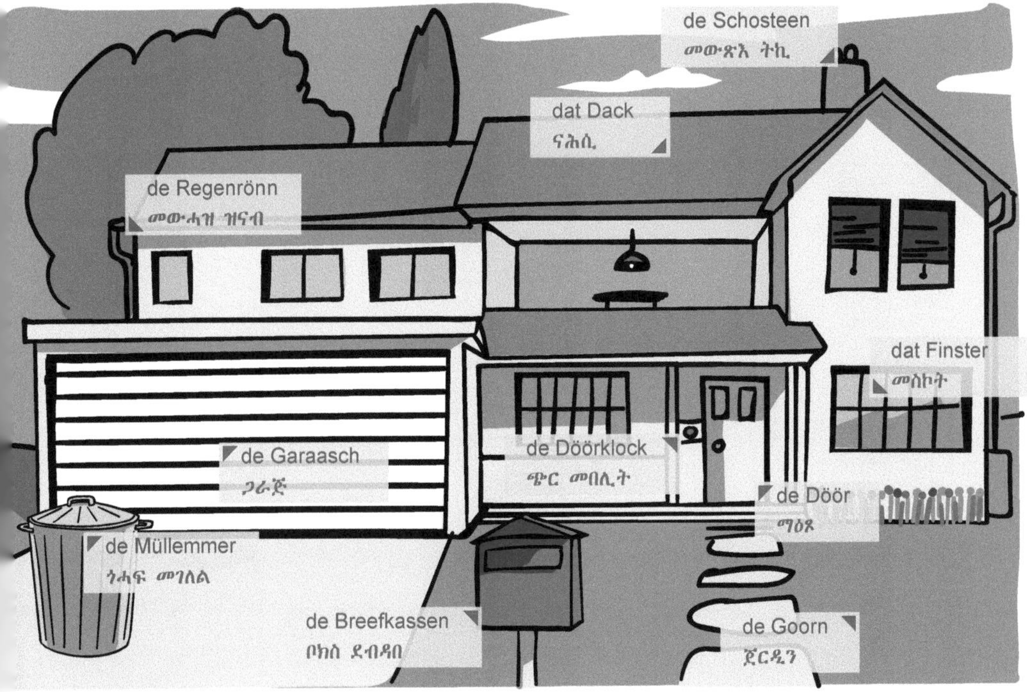
de Schosteen
መውጽኢ ትኪ
dat Dack
ናሕሲ
de Regenrönn
መውሓዝ ዝናብ
dat Finster
መስኮት
de Garaasch
ጋራጅ
de Döörklock
ጭር መበሊት
de Döör
ማዕጾ
de Müllemmer
ጎሓፍ መገለል
de Breefkassen
ቦክስ ደብዳበ
de Goorn
ጀርዲን

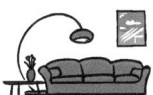

de Wahnstuuv

ክፍሊ ምቕማጥ

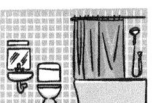

de Baadstuuv

ክፍሊ ባንዮ

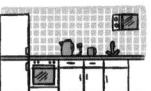

de Köök

ክሽነ

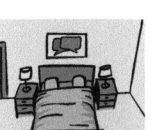

de Slaapstuuv

ክፍሊ መደቀሲ

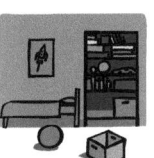

de Kinnerstuuv

ክፍሊ ቆልዑ

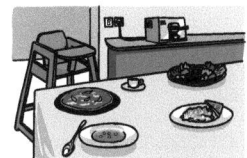

de Eetstuuv

መመገቢ ክፍሊ

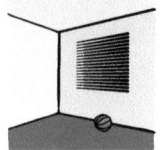

de Footbodden

ባይታ

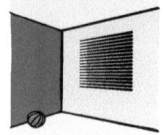

de Wand

መንደቅ

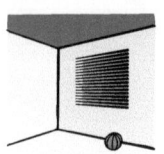

de Deek

ከቦርታ

de Keller

ካንቲና

dat Hittluftbad

ሳውና

de Balkon

ባልኮን

de Terrass

ዛላ

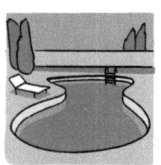

dat Swümmbad

መሕምበሲ

de Rasenmeiher

መቑረጺ ሳዕሪ

de Bettbetog

አንሶላ ዓራት

de Bettdeek

ከቦርታ ዓራት

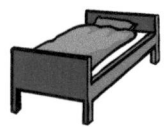

de Puuch

ዓራት

de Bessen

መኹስተር

de Emmer

መገለል

de Schalter

መወልዒት

de Wahnstuuv

ክፍሊ ምቕማጥ

de Tapeet
ወረቐት
መንደቕ
dat Bild
ስእሊ
de Lamp
ላምፓ
dat Regal
ከብሒ
dat Schapp
ከብሒ
de Kiekkassen
ተለቪዥን
de Kamin
መውጽኢ ትኪ ኣብ
ገዛ
de Bloom
ዕንባባ
dat Küssen
መተርኣስ
dat Sofa
ሳሎን
de Vaas
ባዞ
de Feernbedenen
ሪሞት

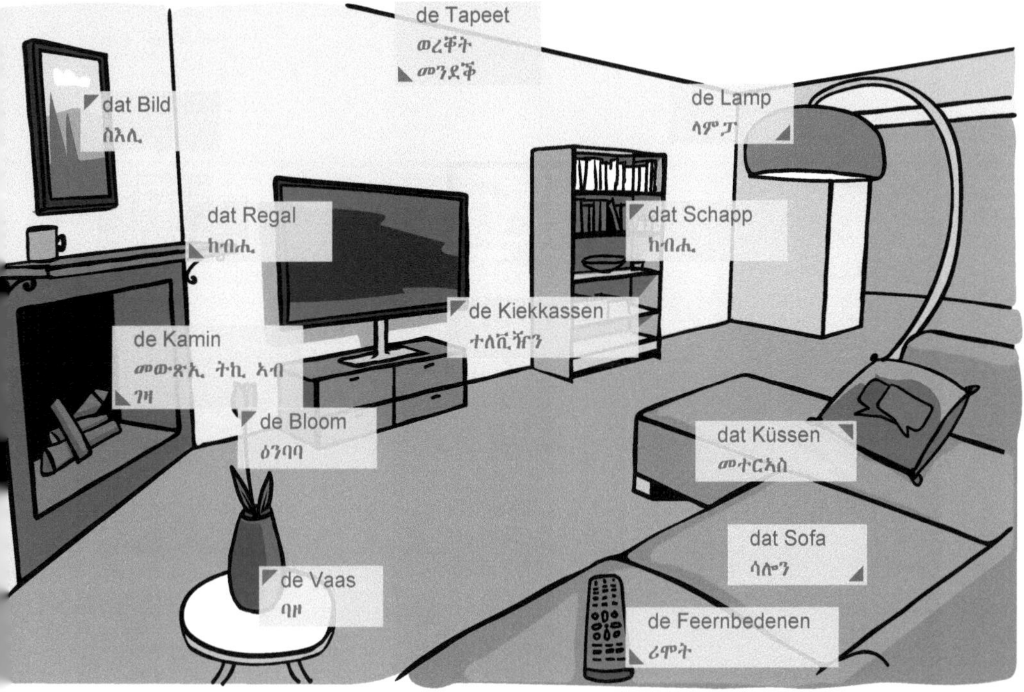

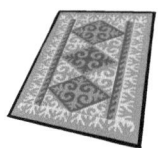

de Teppich

መንጸፍ

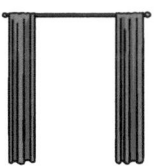

de Vörhang

መጋረጃ

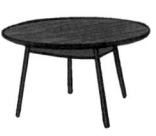

de Disch

ጣውላ

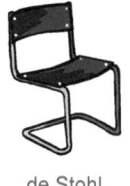

de Stohl

መንበር

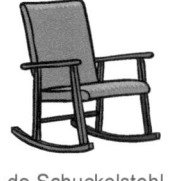

de Schuckelstohl

ሰለል ዝብል መንበር

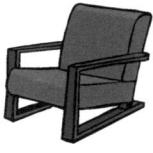

de Sessel

መንበር ምቹእ

dat Book

መጽሐፍ

de Deek

ከቦርታ

de Dekoratschoon

ስልማት

dat Füerholt

እንጨይቲ ሓዊ

de Film

ፊልም

de Stereoanlaag

ስተረዮ

de Slötel

መፍትሕ

dat Narichtenblatt

ጋዜጣ

dat Gemälde

ቅብአ

dat Poster

ፖስተር

dat Radio

ረድዮ

de Opschrievblock

ጥራዝ

de Huulbessen

መልገሲ ደርና

de Kaktus

በለስ

de Kars

ሽምዓ

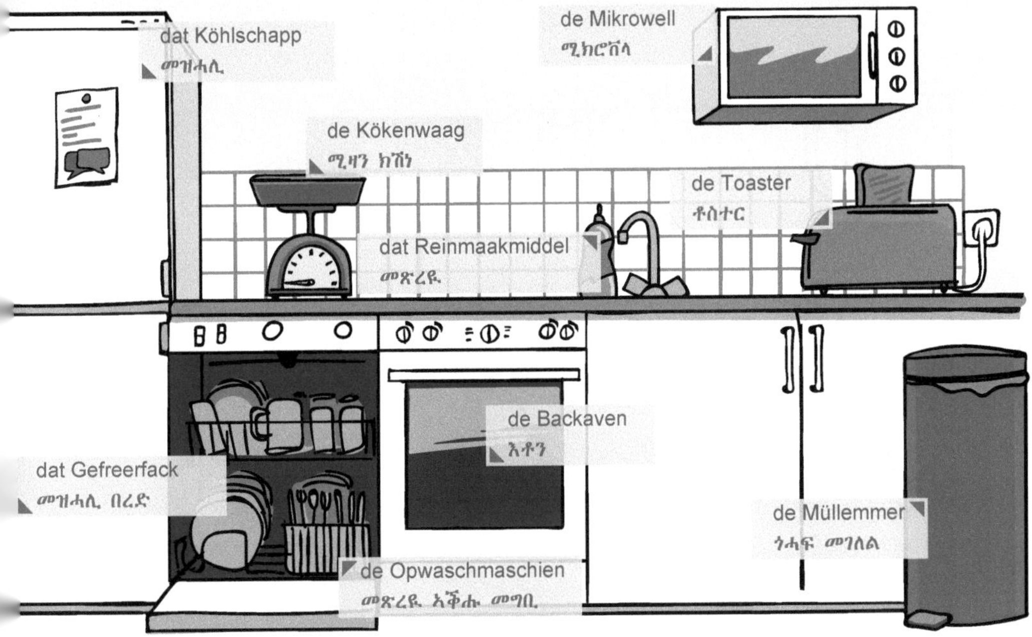

dat Köhlschapp
መዝሓሊ

de Mikrowell
ሚክሮዌላ

de Kökenwaag
ሚዛን ክሽን

dat Reinmaakmiddel
መጽረዪ

de Toaster
ቶስተር

dat Gefreerfack
መዝሓሊ በረድ

de Backaven
እቶን

de Müllemmer
ጎሓፍ መገለል

de Opwaschmaschien
መጽረዪ አቑሑ መግቢ

de Heerd
መኽሸኒ

de Pott
ድስቲ

de Gussiesern Putt
ድስቲ ሓጺን

de Wok / Kadai
ቮክ/ካዳይ

de Pann
ባደላ

de Waterkaker
መውዓዪ ማይ

de Dampkaakputt

መፍልሒ

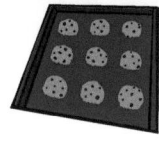

dat Backblick

ጎጐቴራ ምስጐካት

dat Geschirr

አቕሑ መግቢ

de Beker

ብርጭቆ

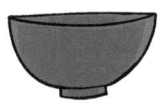

de Schaal

ጭሓሎ

de Eetsticken

ማንካቺና

de Suppenkell

ማንካ መረቕ

de Pannenwenner

መገልበጢ ባደላ

de Sneebessen

መኽስተር ውርጪ

dat Kaakseef

መንፈት መግቢ

dat Seef

መንፈት

de Riev

መፋሕፍሒ

de Mörser

ሞርታር

de Grill

ባርቢኪዩ

de Füerstell

ስፍራ ሓዊ

dat Sniedbrett

እንጨይቲ ምምታር

dat Nudelholt

እንጨይቲ ኮረር

de Proppentrecker

መኽፈት ቡሽ

de Doos

ታኒካ

de Dosenaapner

መኽፈቲ ታኒካ

de Pottlappen

ጨርቂ ድስቲ

dat Waschbecken

ቡምባ

de Böst

ኣስባስላ

de Swamm

ሰፍነግ

de Mixer

ሓዋሲ ኣደባላቒ

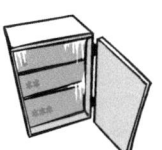

dat Iesschapp

መዝሓሊ በረድ

de Nuckelbuddel

ጥርሙዝ ማማይ

de Waterhahn

ቡምባ ማይ

de Baadstuuv

ክፍሊ ባንዮ

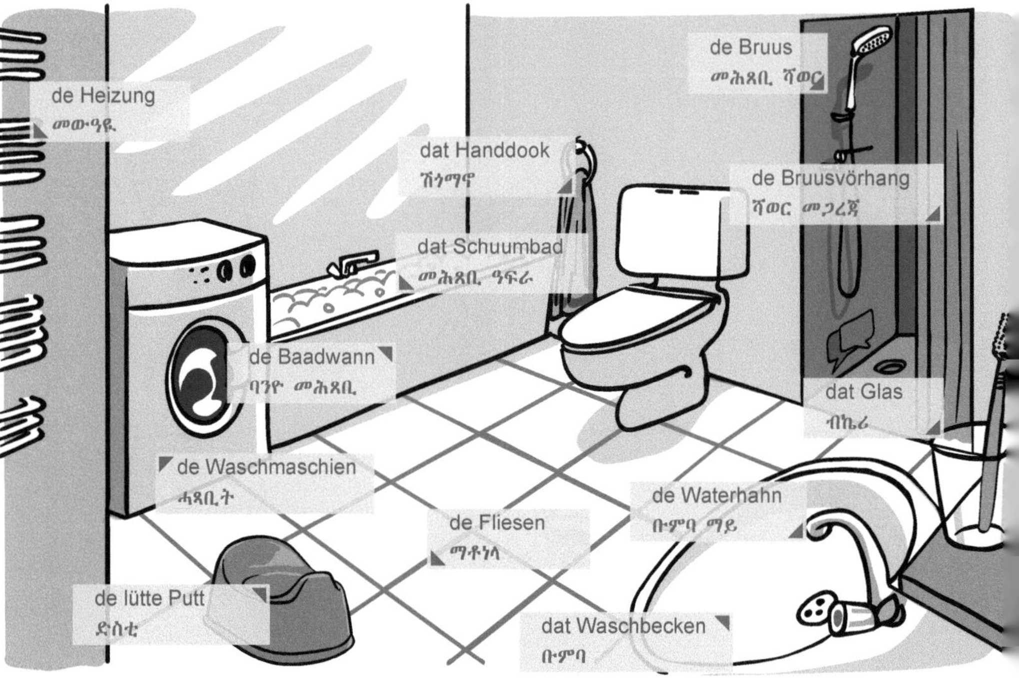

de Heizung
መውዓዪ
dat Handdook
ሽጎማኖ
de Bruus
መሕጸቢ ሻወር
de Bruusvörhang
ሻወር መጋረጃ
dat Schuumbad
መሕጸቢ ዓፍራ
de Baadwann
ባንዮ መሕጸቢ
dat Glas
ብኬሪ
de Waschmaschien
ሓጻቢት
de Waterhahn
ቡምባ ማይ
de Fliesen
ማቶነላ
de lütte Putt
ድስቲ
dat Waschbecken
ቡምባ

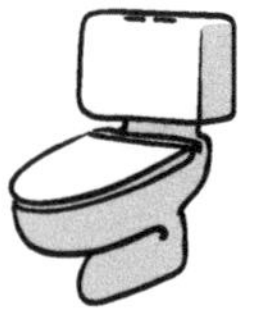

de Tante Meier

ሽቓቕ

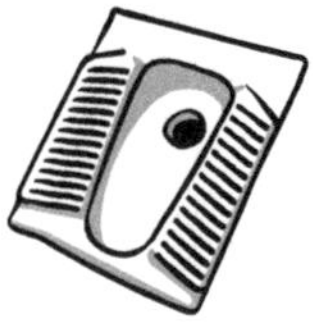

de Hockklo

ሽቓቕ ኮፍ

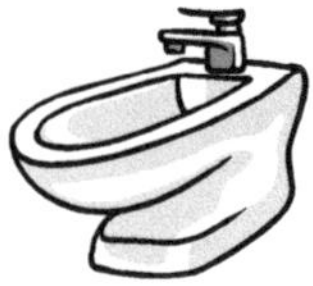

dat Bidet

በዴ

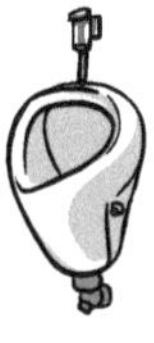

dat Miegbecken

ሽቃቕ ተባዕታይ

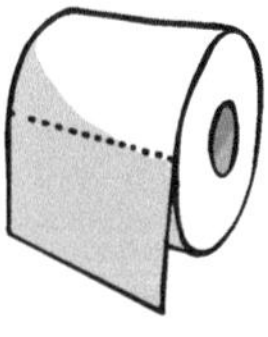

dat Klopapeer

ወረቐት ሽቓቕ

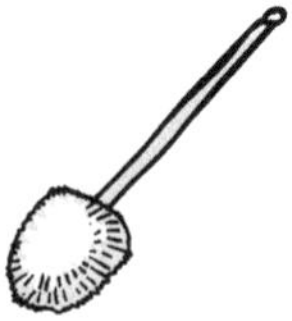

de Kloböst

ኣስባስላ ሽቓቕ

de Tähnböst

አስባስላ ስኒ

de Tähnpast

ክሬማ ስኒ

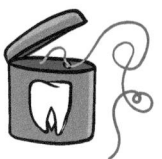

de Tähnsied

ሃሪ ስኒ

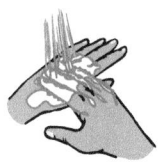

waschen

ሓጸበ

de Handbruus

ዱሽ ኢድ

de Intimbruus

ዱሽ

de Waschschöttel

ብርጭቆ ምሕጸብ

de Rüchböst

አስባስላ ሕቆ

de Seep

ሳምና

dat Bruusgeel

ሻወር ጀል

dat Hoorwaschmiddel

ሻምፑ

de Waschlappen

ጨርቂ መሕጸቢ

de Afloop

መውሓዚ

de Creme

ክሬማ

dat Deodorant

ደዮ ጨና

de Spegel

መስትያት

de Kosmetikspegel

ናይ ኢድ መስትያት

de Raserer

መላጸ

de Raseerschuum

ዓፍራ ምልጻይ

dat Raseerwater

ጨና ድሕሪ ምልጻይ

de Kamm

መመሸጥ

de Böst

አስባስላ

de Hoordröger

መንቆጺ ጸግሪ

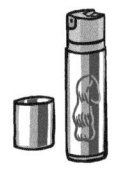

dat Hoorspray

ስፕረይ ጸግሪ

de Smink

መመላኽዒ

de Lippensticken

ብርዒ ቀለም ከንፈር

de Nagellack

አዝግልቶ

de Watt

ጸምሪ ጡጥ

de Nagelscheer

መስደዲ ጽፍሪ

dat Rüükwater

ጨና

40   de Baadstuuv - ክፍሊ ባንዮ

de Kulturbüdel

ሳንጣ መሕጸቢ.

de Schemel

ድኳ

de Waag

ሚዛን

de Baadmantel

ክዳን መሕጸቢ.

de Gummihanschen

ጓንቲ መጸረዪ.

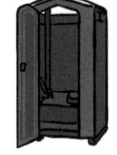

de Tampon

ታምፖን

de Damenbinn

ጨርቂ ሰበይቲ

dat Chemieklo

ሽቓቕ ከሚስትሪ

de Kinnerstuuv

ክፍሊ ቆልዑ

de Wecker
ኣላርም መተስኢ
dat Knudeldeert
መጻወቲ እንስሳ
dat Speeltüüchauto
መጻወቲ መኪና
de Klöter
ኳሕኳሕ መበሊ
dat Poppenhuus
ቤት ባምቡላ
dat Geschenk
ህያብ

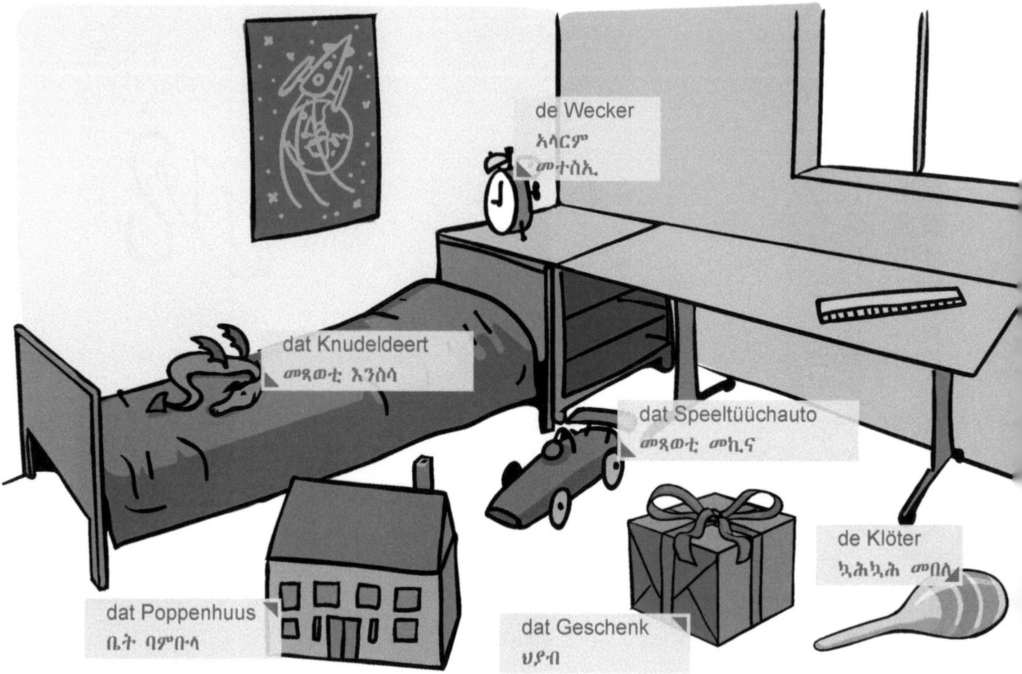

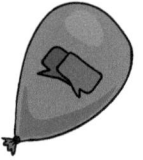

de Luftballon

ባላንችና

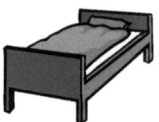

de Puuch

ዓራት

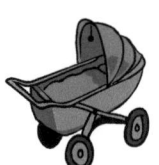

de Kinnerwagen

ሰረገላ ህጻን

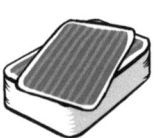

dat Koortenspeel

ጸወታ ካርታ

dat Puzzle

ሕንቅሊተይ

SUPER
MEGA

de Billergeschicht

ኮሚዲ

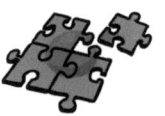

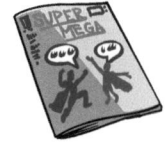

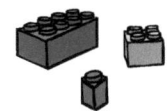

de Legostenen

እምነታት መጻወቲ ለጎ

de Bustenen

መጻወቲ እምነታት

de Action-Figur

በዓል አክቸን

de Strampelantog

ክዳን ማማይ

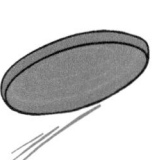

de Frisbeeschiev

ፍሪስቢ

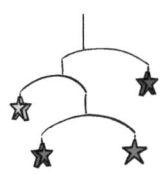

dat Mobile

ሞባይል ማማይ

dat Brettspeel

ጸወታ ሰሌዳ

de Wörpel

ኩቦ

de Modelliesenbahn

ሞደል ባቡር ምድሪ

de Snuller

ዓባስ

de Party

ፓርቲ

dat Billerbook

መጽሓፍ ስእሊ

de Ball

ኩዕሶ

de Popp

ባምቡላ

spelen

ተጻወተ

de Sandkassen

መጻወቲ ሑጻ

de Schuckel

ሰላል

dat Speeltüüch

መጻወቲታት

de Speelkonsool

ኮንሶል ቪድዮ

dat Dreerad

መጻወቲ ሰለስተ መንኮርኮር

de Teddyboor

ተዲ

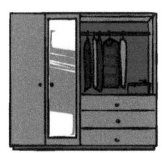

dat Klederschapp

ከብሒ ክዳን

dat Tüüch

ክዳን

de Socken

ካልስታት

de Strümp

ነዊሕ ካልስታት

de Strumpbüx

ስረ ካልሲ

dat Halsdook
ሻርባ

de Paraplü
ጽላል

dat T-Shirt
ማልያ

de Liefreem
ቁልፊ

de Stevel
ረፋዕ

de Puuschen
ጫማ ገዛ

de Turnschoh
ስኒከርስ

de Sandalen
ሻበጥ

de Schoh
ጫማ

de Gummistevel
ረፋዕ ጎማ

de Ünnerbüx
ሙታንታ

de Bostholler
ክዳን ጡብ

dat Ünnerhemd
ትሕተ ካሚቾ

dat Tüüch - ክዳን

45

de Lief

ቦዴ

de Büx

ስረ

de Jeansnüx

ጂንስ

de Rock

ቀምሽ

de Bluus

ካሚቻ

dat Hemd

ካሚቻ

de Pullover

ጉልፎ

de Kapuzenpullover

ጎልፎ

de Blazer

ጃኬት

de Jack

ጃክት

de Mantel

ጆባ

de Övertrecker

ክዳን ዝናብ

dat Kostüm

ኮስቱም

dat Kleed

ቀምሽ

dat Hochtietskleed

ቀምሽ መርዓ

de Antog

ልብሲ.

dat Nachtkleed

ካሚቻ ለይቲ

de Slaapantog

ክዳን ለይቲ

de Sari

ሳሪ

dat Koppdook

መሃረብ ርእሲ.

de Turban

ቱርባን

de Burka

ቡርካ

de Kaftan

ካፍታን

de Abaya

አባያ

de Baadantog

ክዳን መሕምበሲ.

de Baadbüx

ስረ መሕምበሲ.

de Korte Büx

ሓጺር ስረ

de Antog to'n Öven

ክዳን ታዕሊም

de Schört

በጃ ክዳን

de Handschoh

ንንቲ

de Knopp

መልጎም

de Brill

መነጽር

dat Armband

በንናጅር

de Halskeed

ማዕተብ

de Ring

ቀለበት

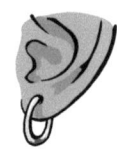

de Ohrbummel

ኩትሻ

de Mütz

ቆብዕ

de Klederbögel

መንበሪ ጁባ

de Hoot

ባርኔጣ

de Binner

ካራሳት

de Rietslüter

ሻርነጣ

de Helm

ሀልመት

dat Drachtband

መድልደል ስረ

de Schooluniform

ድቢዛ ቤትትምህርቲ

de Uniform

ድቢዛ

de Severböten

ስደርያ ቆልዓ

de Snuller

ዓባስ

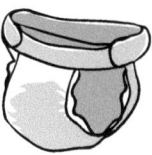

de Winnel

ጨርቂ ማማይ

dat Büro

ቤት ጽሕፈት

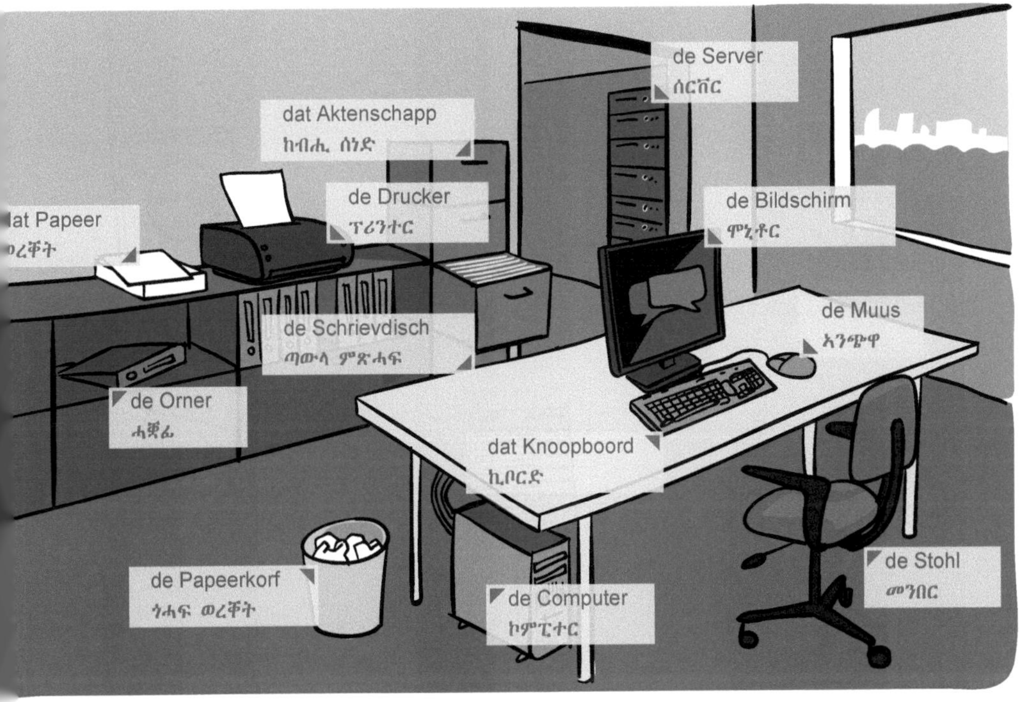

de Koffiebeker

ብርጭቆ ቡን

de Taschenreekner

ካልኩለተር

dat Internet

ኢንተርነት

de Klappreekner

ለፕቶፕ

de Breef

ደብዳበ

de Naricht

መልእኽቲ

de Ackersnacker

ሞባይል

dat Nettwark

ነትወርክ/መርበብ

de Kopeerapparat

መቅድሒ ፎቶኮፒ

de Software

ሶፍትዌር

de Klöönkassen

ተለፎን

de Steekdoos

ሶከት ኣረንቲ

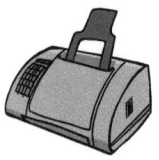

de Faxapparat

ፋክስ

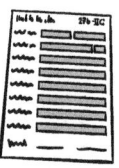

dat Formulor

ፎርም

dat Dokument

ሰነድ

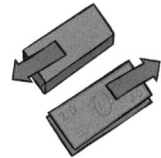

köpen

ገዝአ

betahlen

ከፈለ

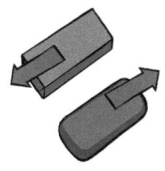

hanneln

ንግዲ

dat Geld

ገንዘብ

de Dollar

ዶላር

de Euro

አይሮ

de Yen

የን

de Ruvel

ሩብል

de Swiezer Franken

ስዊዝ ፍራንከን

de Renminbi Yuan

ረንሚንቢ ዮዋን

de Rupie

ሩፕየ

de Geldautomat

መውጽኢ ማሺን ገንዘብ

de Wesselstuuv

በታ ቅያር ገንዘብ

dat Gold

ወርቂ

dat Sülver

ብሩC

dat Ööl

ዘይቲ

de Energie

ሓይሊ

de Pries

ዋጋ

de Verdrag

ውዕል

de Stüer

ቀረጽ

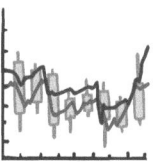

de Andeelschien

እኹብ ጥረ-ነገራት

arbeiden

ሰርሐ

de Anstellte

ሰራሕተኛ

de Arbeitgever

ኣስራሒ

de Fabrik

ትካል

de Hökerie

ዱኳን

de Profeschonen

ሞያታት

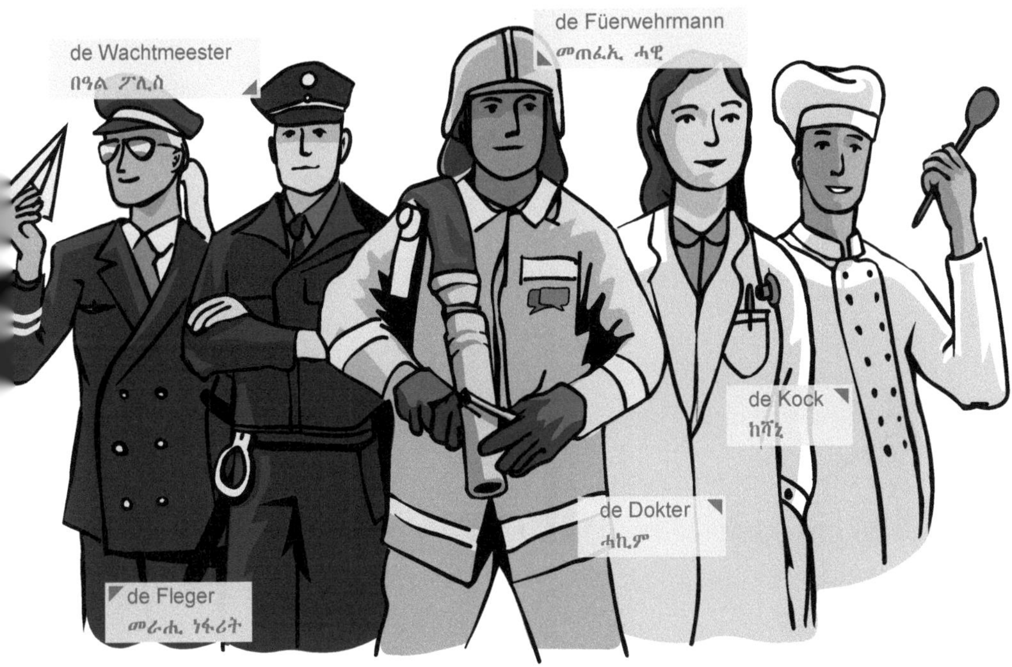
de Füerwehrmann
መጠፊኢ ሓዊ
de Wachtmeester
በዓል ፖሊስ
de Kock
ከሻኒ
de Dokter
ሓኪም
de Fleger
መራሒ ነፋሪት

de Goorner

ሰራሕተኛ ጀርዲን

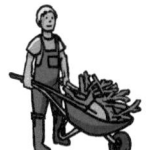

de Discher

ጸራቢ ዕንጸይቲ

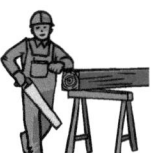

de Neihersche

ሰፋይት

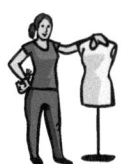

de Richter

ፈራዳይ

de Chemiker

ቀማሚ

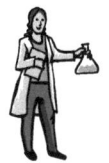

de Schauspeler

ተዋሳኢ

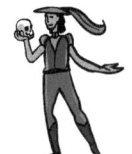

de Busfohrer

መራሒ ኣዉቶቡስ

de Taxifohrer

ኣዉቲስታ ታክሲ.

de Fischer

ገፋፊ ዓሳ

de Reinmaakfru

ጸራጊት

de Dackdecker

ሃናጻይ ናሕሲ.

de Kellner

ኣሰላፊ

de Jäger

ሃዳናይ

de Maler

ሰኣላይ

de Bäcker

እንዳ ሕብስቲ

de Elektriker

ኤለትሪከኛ

de Buarbeider

ሃናጺ ኣባይቲ

de Ingenieur

ሃንዳሲ.

de Slachter

ሰራሕተኛ እንዳ ስጋ

de Klempner

ድራብሊኮ

de Postbüdel

ኣማላላሲ. ፖስጣ

de Suldat

ወተሃደር

de Architekt

መሃንድስ

de Kasserer

ተሓዝ ገንዘብ

de Florist

ሰራሕተኛ ዕምባባ

de Putzbüdel

ቀም ቃማይ

de Schaffner

ፌተሪኖ

de Mechaniker

መካኒክ

de Kaptein

መራሒ መርከብ

de Tähndokter

ሓኪም ስኒ

de Wetenschopler

ተመራማሪ

de Rabbi

ራቢ

de Imam

ኢማም

de Mönk

ፈላሲ

de Paap

ቀሺ

dat Warktüüch

ናውቲ

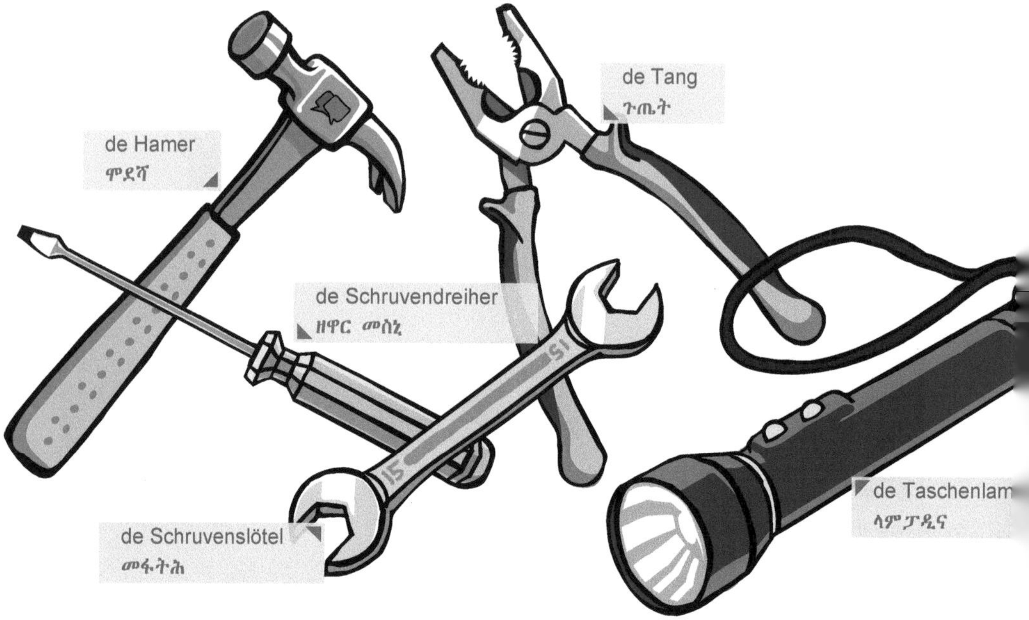

de Tang
ጉጠት
de Hamer
ሞደሻ
de Schruvendreiher
ዘዋር መስኒ
de Taschenlam
ላምፓዲና
de Schruvenslötel
መፋትሕ

de Grieper

ፈሓሪ

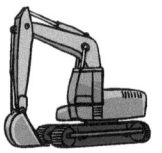

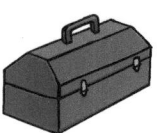

de Warktüüchkassen

ናውቲ ቦክስ

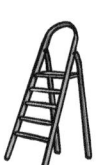

de Ledder

መደያይቦ

de Saag

መጋዝ

de Nagels

መስማር

de Bohrer

ኩዓቲ

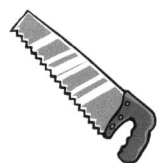

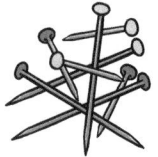

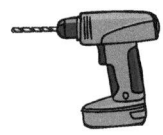

heelmaken

ምዕራይ

de Schüffel

ባደላ

Schiet!

ኣይ!

dat Kehrblick

መትሓዚ ዶርና

de Farvpott

ድስቲ ቀለም

de Schruven

ካቾቢተ

de Musikinstrumenten
መሳርሒ ሙዚቃ

dat Slagtüüch
ከበሮታት

de Luutsnacker
እስፒከር

de Bass-Vigelien
ረጉድ ዓባይ ጊታር

de Trumpeet
ትሮምፐት

de Rietfiedel
ጊታር

dat Klaveer

ፒያኖ

de Vigelien

ቪዮሊን

de Bass

ባስ ጊታር

de Pauk

ቲምንኢ.

de Trummeln

ከበሮ

dat Keyboard

ኦርጋን

dat Saxophon

ሳክሶፎን

de Fleut

ሻምብቆ

dat Mikrofoon

ሚክሮፎን

de Deertenpark

መካነ እንስሳታት

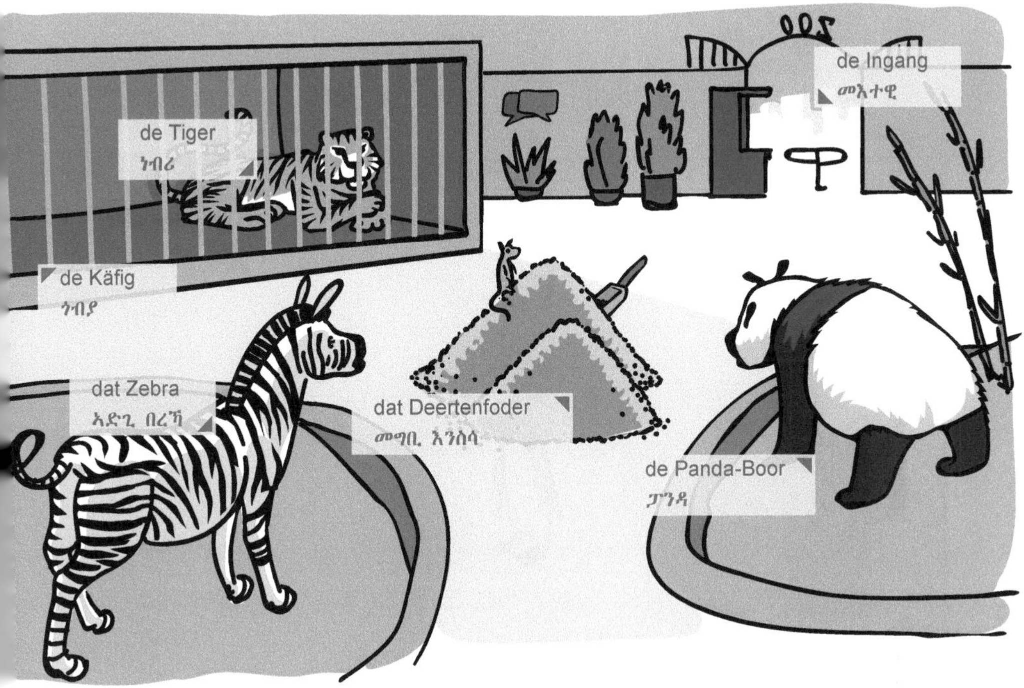

de Ingang
መእተዊ
de Tiger
ነብሪ
de Käfig
ጎብያ
dat Zebra
ኣድጊ በረኻ
dat Deertenfoder
መግቢ እንስሳ
de Panda-Boor
ፓንዳ

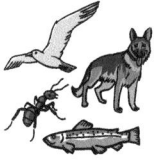

de Deerten

እንስሳታት

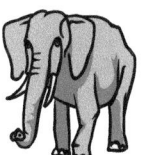

de Elefant

ሓርማዝ

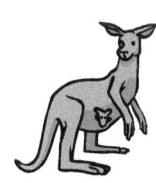

dat Känguru

ካንጋሩ

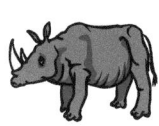

dat Neeshoorn

ሓሪሽ

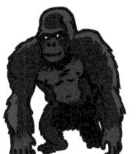

de Gorilla

ጉሪላ

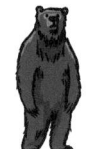

de Boor

ድቢ

dat Kameel

ገመል

de Struuß

ሰገን

de Lööv

ኣንበሳ

de Aap

ህበይ

de Flamingo

ፍላሚንጎ

de Papagoi

ሕንጻይ

de Iesboor

ድቢ በረድ

de Pinguin

ፐንጉን

de Haifisch

ከልቢ ዓሳ

de Pageluun

ጣውስ

de Slang

ተመን

dat Krokodil

ሓርገጽ

de Oppasser in'n
Deertenpark
ሓላዊ ቤት ገርድሽ

de Saalhund

ዓሳ ዚምገብ እንስሳ ባሕሪ

de Jaguor

ጃጓር

dat Pony

ሐጺር ፈረስ

de Leopard

ነብሪ

dat Nilpeerd

ጉማሬ

de Giraff

ጂራፍ

de Aadler

ሊላ

dat Wildswien

መፍለስ

de Fisch

ዓሳ

de Schildkrööt

ጎብየ

dat Walross

ዋልሩስ

de Voss

ወ'ኻርያ

de Gazell

ሰስሓ

de Amerikaansch Football
ናይ አሜሪካ ኩዕሶ እግሪ

dat Radfohren
ምዝዋር ብሽግለታ

dat Tennis
ተኒስ

de Korfball
ባስከትባል

dat Swümmen
ምሕምባስ

dat Boxen
ቦክሲንግ

dat Ieshockey
ሆኪ በረድ

de Football
....
ኩዕሶ እግሪ

dat Fedderball
....
ባድሚንቶን

de Leichtathletik
....
እስፖርታዊ ንጥፈታት

de Handball
....
ኩዕሶ ኢድ

dat Skilopen
....
ስኪ

dat Polo
....
ፖሎ

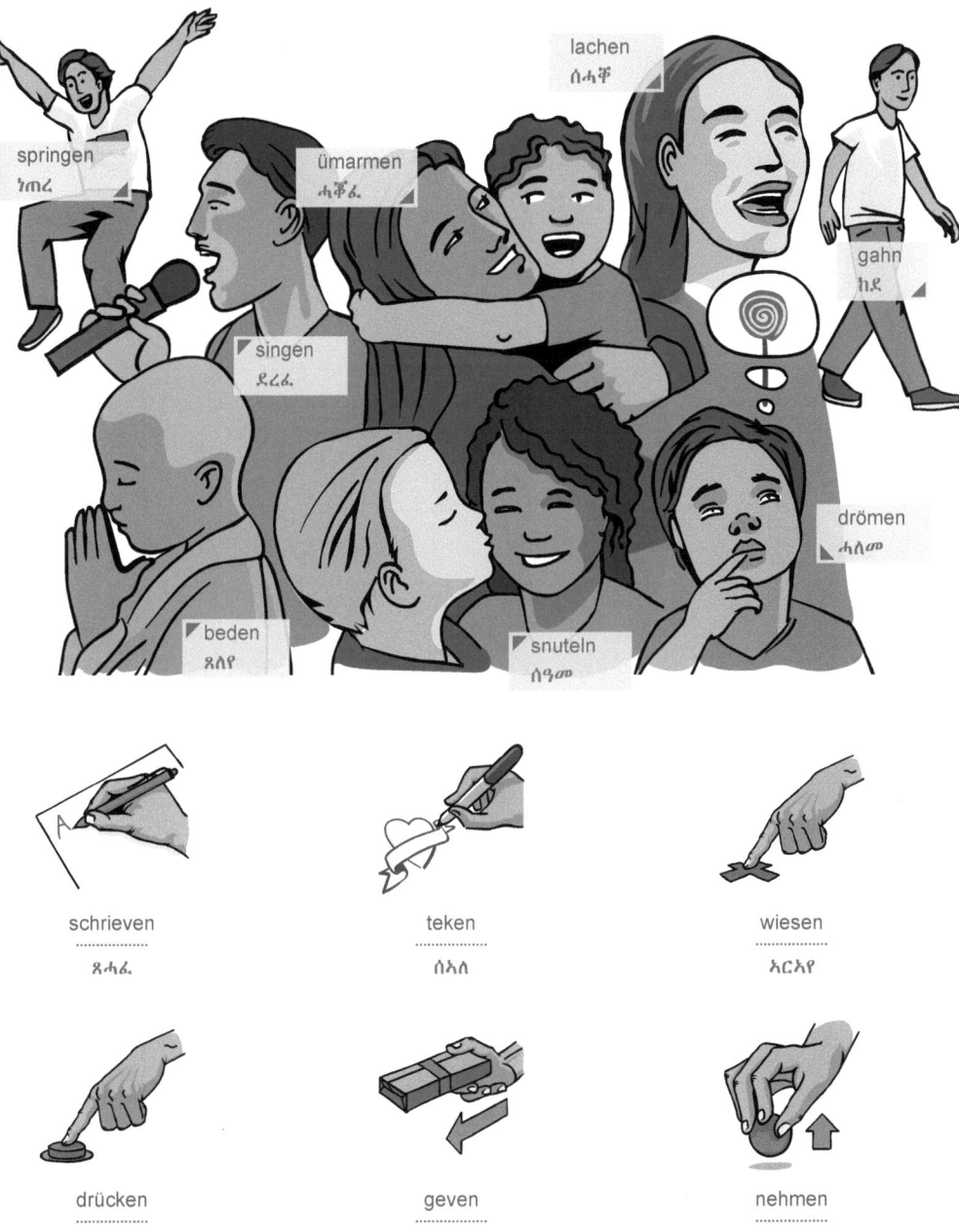

springen / ነጠረ

lachen / ሰሓቐ

ümarmen / ሓቖፈ

gahn / ከደ

singen / ደረፈ

drömen / ሓለመ

beden / ጸለየ

snuteln / ሰዓመ

schrieven / ጸሓፈ

teken / ሰኣለ

wiesen / ኣርኣየ

drücken / ደፍአ

geven / ሃበ

nehmen / ወሰደ

hebben

አለወ

doon

ገብረ

sien

ኮነ

stahn

ጠጠው በለ

lopen

ጎየየ

trecken

ሰሓበ

smieten

ሰንደወ

fallen

ወደቐ

liggen

ሓሰወ

töven

ተጸበየ

dregen

ሰከም

sitten

ኮፍ በለ

antrecken

ተኸድነ

slapen

ደቀሰ

opwaken

ተሰአ

ankieken

ረኣየ

wenen

በኽየ

eien

ብኣጻብዑ ደረዝ

kämmen

መሽጠ

snacken

ተዛረበ

verstahn

ተረድአ

fragen

ሓተተ

hören

ሰምዐ

drinken

ሰተየ

eten

በልዐ

oprümen

ኣቐመጠ

leefhebben

ኣፍቀረ

kaken

ከሸነ

fohren

ዘወረ

flegen

ነፈረ

segeln

ብመርክብ ገየሽ

reken

ደመረ

lesen

አንበበ

lehren

ተመሃረ

arbeiden

ሰርሐ

de Plünnen tohoopsmieten

መርዓወ

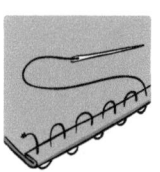

neihen

ሰፈየ

Tähnen putzen

ጽሬት አስናን

dootmaken

ቀተለ

smöken

ሽጋራ ተከኸ

schicken

ሰደደ

Grootmoder

de Grootvadder
ኣቦሓጎ

de Vadder
ኣቦ

de Moder
ኣደ

Winnelkind

de Dochter
ጓል

de Söhn
ወዲ

de Gast

ጋሻ

de Tant

ሓትኖ

de Unkel

ኣኮ

de Broder

ሓው

de Süster

ሓፍቲ

de Lief

አካላት

de Vörkopp
ግንባር

dat Oog
ዓይኒ

de Schuller
መንኩብ

dat Gesicht
ገጽ

de Finger
ኣጻብዕ

dat Kinn
መንከስ

de Hand
ኢድ

de Bost
ኣፍ-ልቢ

dat Been
ሽፋን እግሪ

de Arm
ምናት

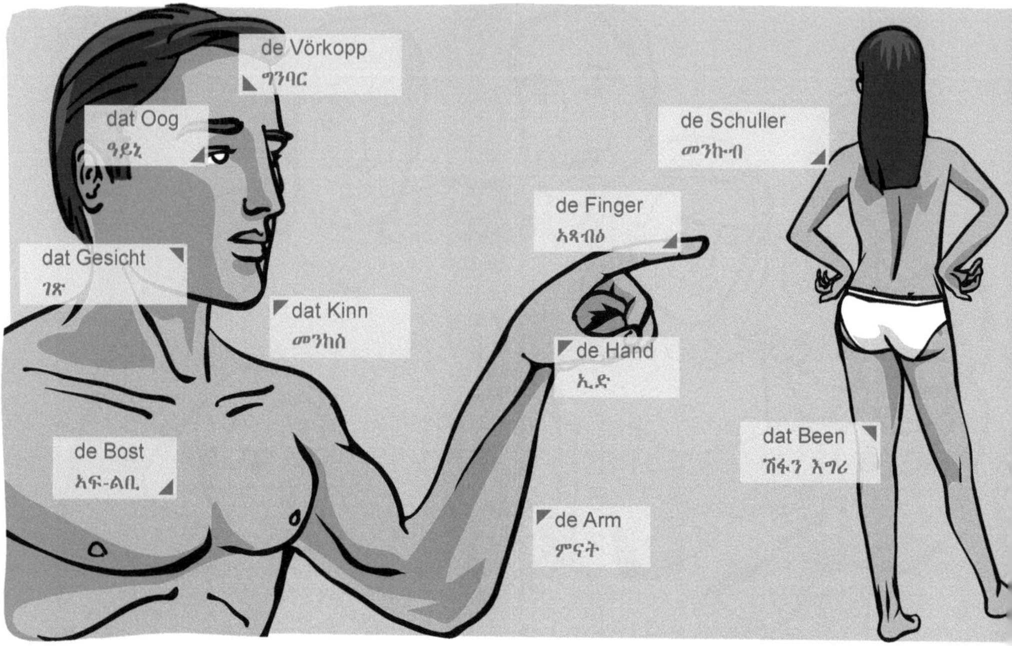

dat Winnelkind

ማማይ

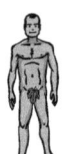

de Mann

ሰብአይ

de Fro

ሰበይቲ

de Deern

ጓል

de Jung

ወዲ

de Arm

ርእሲ

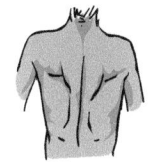

de Rüch

ሕቖ

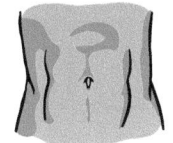

de Buuk

ከስዐ

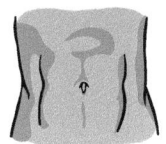

de Navel

ሕምብርቲ

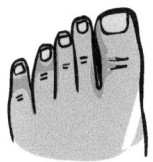

de Teh

ኣጻብዕ እግሪ

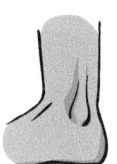

de Hack

ኩርኵረ

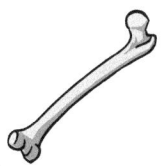

de Knaken

ዓጽሚ

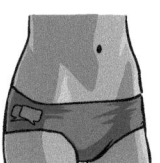

de Hüft

ምሕኮልቲ

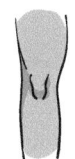

dat Knee

ብርኪ

de Ellbagen

ፍግፍጕ

de Nees

ኣፍንጫ

de Achtersen

መዓኮር

de Huut

ቆርበት

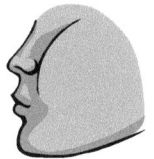

de Back

ምዕጕርቲ

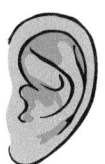

dat Ohr

እዝኒ

de Lipp

ከንፈር

de Lief - ኣካላት

69

de Mund

አፍ

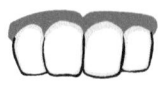

de Tähn

ስኒ

de Tung

መልሓስ

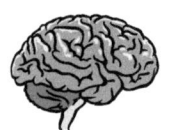

de Bregen

ሓንጎል

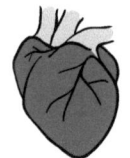

dat Hart

ልቢ

de Muskel

ጭዋዳ

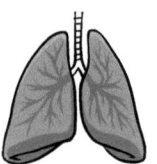

de Lung

ሳንቡእ

de Lever

ጸላም ከብዲ

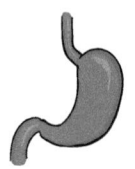

de Maag

ከብዲ

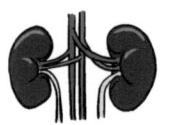

de Neren

ኩሊት

de Bislaap

ግብረ ስጋ

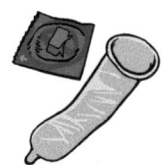

dat Kondoom

ኮንዶም

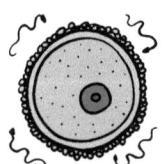

de Eizell

እንቋቍሓ

dat Sperma

ዘርኢ ተባዕታይ

de Anner Ümstänn

ጥንሲ

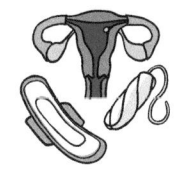

de Menstruatschoon

ጽግያት

de Scheed

ርሕሚ

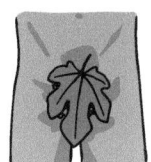

de Pint

መትሎ

de Ogenbroe

ሽፋሽፍቲ

dat Hoor

ጸጉሪ

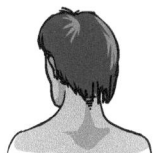

de Hals

ክሳድ

dat Krankenhuus

ሆስፒታል

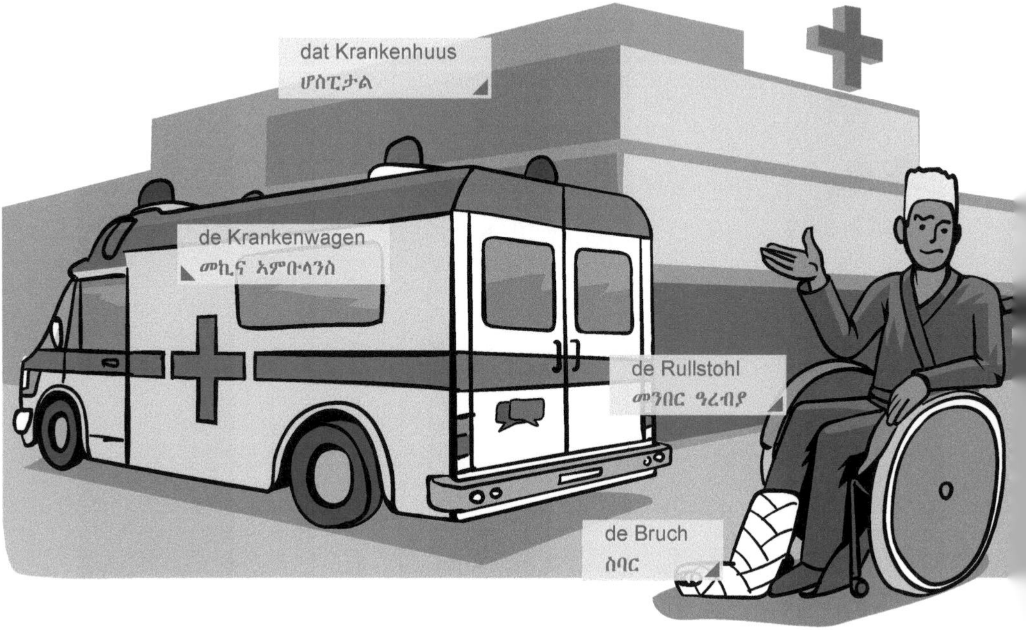

dat Krankenhuus
ሆስፒታል
de Krankenwagen
መኪና ኣምቡላንስ
de Rullstohl
መንበር ዓረብያ
de Bruch
ስባር

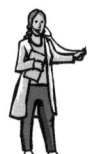

de Dokter

ሓኪም

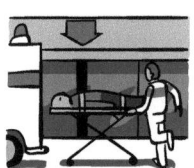

de Nootopnahm

ክፍሊ ህጹጽ ረድኤት

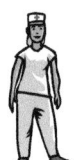

de Krankensüster

ኣላይት

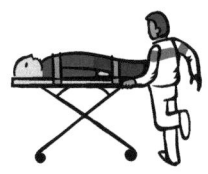

de Nootfall

ህጹጽ ኩነት

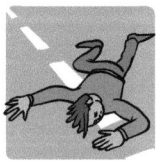

ahnmächtig

ውነኡ ዘጥፍአ

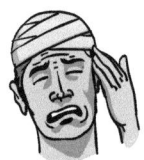

de Wehdaag

ቃንዛ

de Verwunnen

ጉድኣት

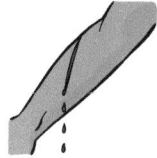

de Blöden

ደም

de Hartinfarkt

ማህረምቲ

de Slaganfall

ማህረምቲ

de Allergie

ኣለርጂ

de Hoosten

ሰዓል

dat Fever

ረስኒ

de Gripp

ኡንፍልወንዛ

de Dörchfall

ውጽኣት

de Koppwehdaag

ቃንዛ ርእሲ

de Kreeft

መንሽሮ

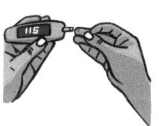

de Zuckersüük

ሹኮርያ

de Chirurg

ሓኪም መጥባሕቲ

dat Chirurgsch Mess

መጥብሒ

de Operatschoon

መጥባሕቲ

dat CT

CT

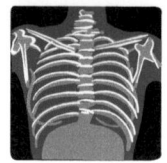

de Dörchlüchten

ራዲ

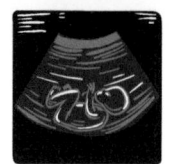

de Ultraschall

ልዕለ ድምጸዊ

de Mask

መሸፈኒ ገጽ

de Krankheit

ሕማም

de Töövruum

ክፍሊ ምጽባይ

de Krück

ምርኩስ

dat Plaaster

መጅነኒ ቍስሊ

de Verband

መጅነኒ

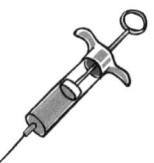

de Insprütten

መርፍዕ ምውጋእ

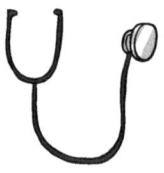

dat Stethoskop

ስተቶስኮፕ

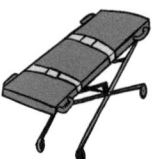

de Draag

መስከሚ ሕሙም

dat Feverthermometer

ቴርሞመተር

de Geboort

ትውልዲ

dat Övergewicht

ልዕለ-ሚዛን

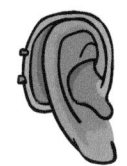

de Höörapparat

ሓገዝ ምስማዕ

dat Kiemfriemiddel

ኣንጻሂ

de Ansteken

ልበዳ

de Virus

ቫይረስ

dat HIV / AIDS

ኤድስ

dat Heelmiddel

ሕክምና

de Impen

ክታብ

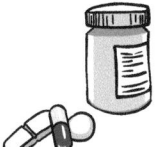

de Tabletten

ክኒና

de Pill

ክኒና

de Nootroop

ህጹጽ ምድዋል

de Blootdruck-Meter

መዕቀኒ ጽቕጢ ደም

krank / gesund

ሕሙም / ጥዑይ

Hölp!

ሓገዝ

de Alarm

አላርም

de Överfall

ምህጃም

de Angreep

መጥቃዕቲ

de Gefohr

ድንገት

de Nootutgang

ህጹጽ መውጽኢ

dat Füer!

ሓዊ!

de Füerlöscher

መጥፍኢ ሓዊ

de Unfall

ሓደጋ

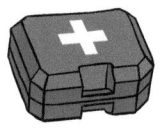

de Noothölpkoffer

ሳንጣ ቀዳማይ ረድኤት

SOS

SOS

de Polizei

ፖሊስ

Europa

ኤውሮጳ

Noordamerika

ሰሜን አመሪካ

Süüdamerika

ደቡብ አመሪካ

Afrika

አፍሪቃ

Asien

ኤስያ

Australien

አውስትራልያ

de Atlantik

አትላንቲክ

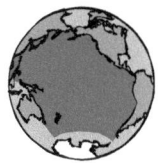

de Pazifik

ፓሲፊክ

dat Indisch Weltmeer

ህንዳዊ ዉቕያኖስ

at Antarktisch Weltmeer

አንታርቲካዊ ዉቕያኖስ

dat Arktisch Weltmeer

አርክቲካዊ ዉቕያኖስ

de Noordpol

ሰሜናዊ ዋልታ

de Süüdpol

ደቡባዊ ዋልታ

de Antarktis

አንታርቲካ

de Eerd

ምድሪ

dat Land

መሬት

de See

ባሕሪ

dat Eiland

ደሴት

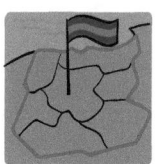

de Natschoon

ሃገር

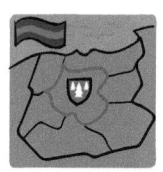

de Staat

ዓዲ

dat Tallenblatt

ገጽ ሰዓት

de Stunnenwieser

አመልካቲ ሰዓታት

de Minutenwieser

አመልካቲ ደቃይቕ

de Sekunnenwieser

አመልካቲ ካልኢት

Wo laat is dat?

ሰዓት ክንደይ አሎ?

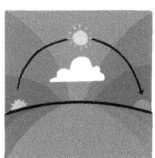

de Dag

መዓልቲ

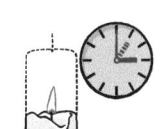

de Tiet

ግዜ

nu

ሕጂ

de digetaalsch Klock

ዲጊታል ሰዓት

de Minuut

ደቒቕ

de Stunn

ሰዓት

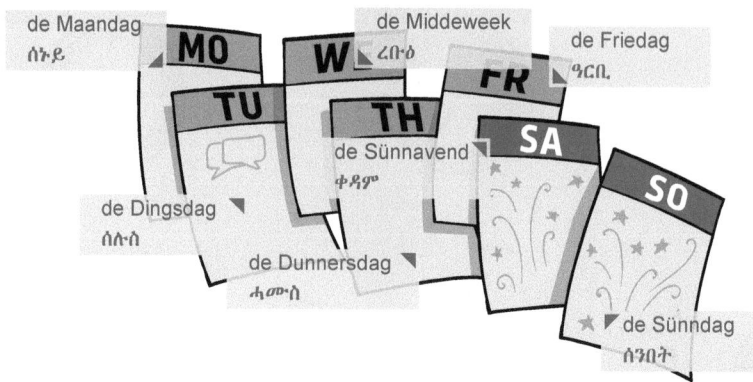

de Maandag
ሰኑይ

de Middeweek
ረቡዕ

de Friedag
ዓርቢ

de Sünnavend
ቀዳም

de Dingsdag
ሰሉስ

de Dunnersdag
ሓሙስ

de Sünndag
ሰንበት

güstern

ትማሊ

hüüt

ሎሚ

morgen

ጽባሕ

de Morgen

ንጎሆ

de Meddag

ቀትሪ

de Avend

ምሽት

MO	TU	WE	TH	FR	SA	SU
1	2	3	4	5	6	7
8	9	10	11	12	13	14
15	16	17	18	19	20	21
22	23	24	25	26	27	28
29	30	31	1	2	3	4

de Arbeitsdaag

መዓልታት ስራሕ

MO	TU	WE	TH	FR	SA	SU
1	2	3	4	5	6	7
8	9	10	11	12	13	14
15	16	17	18	19	20	21
22	23	24	25	26	27	28
29	30	31	1	2	3	4

dat Wekenenn

መወዳእታ ሰሙን

dat Johr

ዓመት

de Regen
ዝናብ
de Regenbagen
ቀስተ-ደመና
de Wind
ንፋስ
de Snee
በረድ
dat Fröhjohr
ጽድያ
de Sommer
ሓጋይ
de Harvst
ቀውዒ
de Winter
ክረምቲ

4.APRIL 11°
5.APRIL 4°
6.APRIL 13°
7.APRIL 8°
8.APRIL 10°

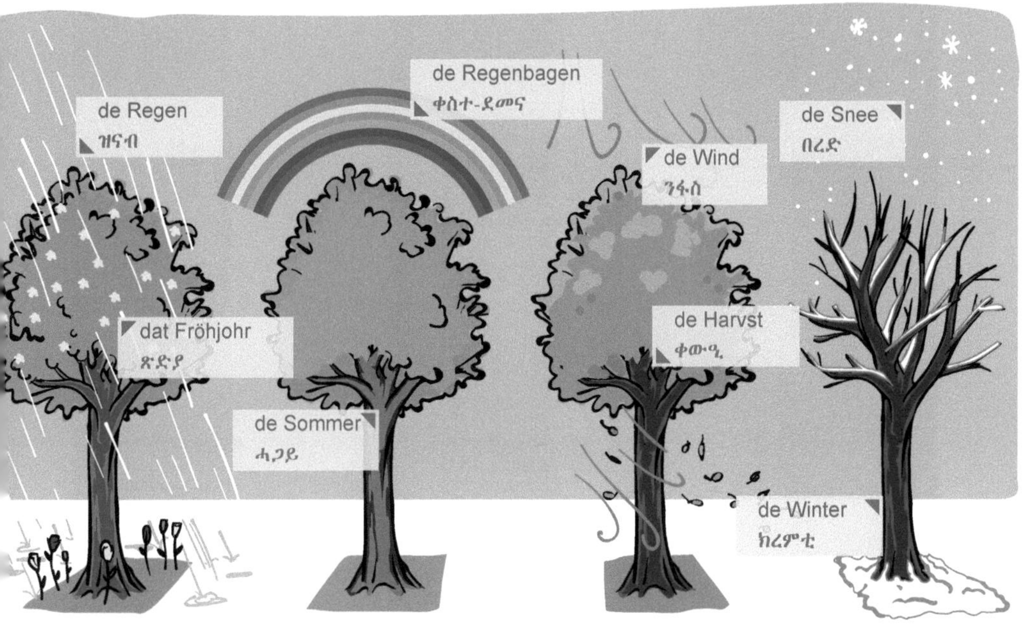

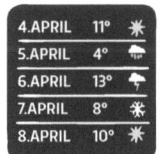

de Wedervörhersaag

ትንቢት ኩነታት ኣየር

F C
120 40
90 30
60 20
30 10
0 0
-30 -10
-20

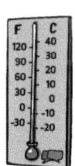

dat Thermometer

ቴርሞመተር

de Sünnenschien

ብርሃን ጸሓይ

de Wulk

ደበና

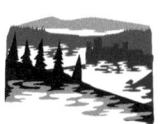

de Nevel

ግመ

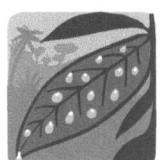

de Luftfuchtigkeit

ጠሊ

de Blitz

ብርቂ

de Dunner

ነጕዳ

de Storm

ሀቦብላ

de Hagel

በረድ

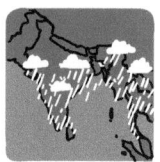

de Monsun

ብርቱዕ ሀቦብላ

de Floot

ውሕጅ

dat les

በረድ

de Januormaand

ጥሪ

de Februormaand

ለካቲት

de Martmaand

መጋቢት

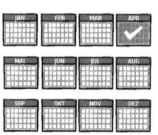

de Aprilmaand

ሚያዝያ

de Maimaand

ጉንበት

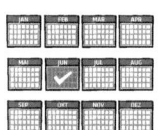

de Junimaand

ሰነ

de Julimaand

ሓምለ

de Augustmaand

ነሓሰ

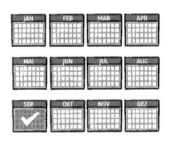

de Septembermaand
....
መስከረም

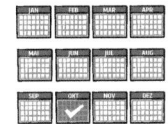

de Oktobermaand
....
ጥቅምቲ

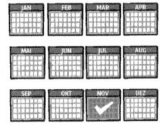

de Novembermaand
....
ሕዳር

de Dezembermaand
....
ታሕሳስ

de Formen

ቅርጻታት

de Krink
....
ዙርያ

dat Quadrat
....
ትርብዒት

dat Rechteck
....
ቅኑዕ ርቡዕ ኩርናዕ

dat Dreeeck
....
ስሉስ ኩርናዕ

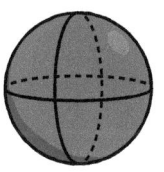

de Kugel
....
ክቢ

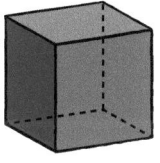

de Wörpel
....
ኩቦ

witt

ጸዕዳ

geel

ብጫ

orangsch

ኣራንሺ

pink

ፒንክ

root

ቀይሕ

lila

ጁኽ

blau

ሰማያዊ

gröön

ቀጠልያ

bruun

ቡናዊ

gries

ሓሙ·ኽሽታይ

swart

ጸሊም

veel / wenig

ብዙሕ / ውሑድ

böös / verdreeglich

ሕሩቕ / ሰላማዊ

smuck / mies

ጽቡቕ / ክፉእ

de Begünn / dat Enn

መጀመርያ / መወዳእታ

groot / lütt

ዓቢ / ንእሽቶ

hell / düüster

ብሩህ / ጸልማት

de Broder / de Süster

ሓው / ሓፍት

schier / schietig

ጽሩይ / ርሳሕ

kumpleet / nich kumpleet

ምሉእ / ዘይምሉእ

de Dag / de Nacht

መዓልቲ / ለይቲ

doot / lebennig

ሙዉት / ህልው

breet / small

ሰፊሕ / ጸቢብ

geneetbor / nich geneetbor

ደስ ዘበል / ደስ ዘይብል

böös / fründlich

እኩይ / ህያዋይ

fickerig / langwielt

ርቡጽ / ስልኩይ

dick / dünn

ረጊድ / ቀጢን

toeerst / toletzt

ቀዳማይ / ናይ መወዳእታ

de Fründ / de Fiend

ዓርኪ / ጸላኢ

vull / leddig

ምሉእ / ባዶ

hart / week

ተሪር / ልስሉስ

swoor / licht

ከቢድ / ፈኲስ

de Smacht / de Döst

ጥምየት / ጽምየት

krank / gesund

ሕሙም / ጥዑይ

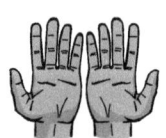

nich na't Recht / na't Recht

ዘይሕጋዊ / ሕጋዊ

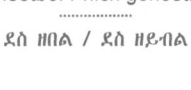

klook / dummerhaftig

መስተውዓሊ / ስዲ

linkerhand / rechterhand

ጸጋም / የማን

neeg / feern

ቀረባ / ርሑቕ

nieg / bruukt

ሓዲሽ / ብሉይ

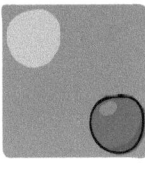

nix / wat

ዋላ ሓደ / ገለ

oolt / jung

ዓቢ/ኣረጊት / መንእሰይ

an / ut

ወልዕ / ኣጥፍእ

apen / slaten

ክፉት / ዕጹ.ው

lies / luut

ህዱእ / ዓው

riek / arm

ሃብታም / ድኻ

richtig / verkehrt

ቅኑዕ / ግጉይ

ruug / glatt

ሓርፋፍ / ልሙጽ

trurig / glücklich

ጉሁይ / ሕጉስ

kort / lang

ሓጺር / ነዊሕ

suutje / flink

ቀስ / ቅልጡፍ

natt / dröög

ጥሉል / ንቑጽ

warm / köhl

ምዉቕ / ዝሑል

de Krieg / de Freden

ውግእ / ሰላም

0

null

ዜሮ

1

een

ሓደ

2

twee

ክልተ

3

dree

ሰለስተ

4

veer

ኣርባዕተ

5

fief

ሓሙሽተ

6

söss

ሽዱሽተ

7

söven

ሸውዓተ

8

acht

ሸሞንተ

9

negen

ትሽዓተ

10

teihn

ዓሰርተ

11

ölven

ዓሰርተ ሓደ

12

twölf
....
ዓሰርተ ክልተ

13

dörteihn
....
ዓሰርተ ሰለስተ

14

veerteihn
....
ዓሰርተ ኣርባዕተ

15

föffteihn
....
ዓሰርተ ሓሙሽተ

16

sössteihn
....
ዓሰርተ ሽዱሽተ

17

söventeihn
....
ዓሰርተ ሽውዓተ

18

achtteihn
....
ዓሰርተ ሽሞንተ

19

negenteihn
....
ዓሰርተ ትሽዓተ

20

twintig
....
ዕስራ

100

hunnert
....
ሚእቲ

1.000

dusend
....
ሽሕ

1.000.000

million
....
ሚልዮን

dat Engelsch

እንግሊዝኛ

dat Amerikaansch Engelsch

አሜሪካዊ እንግሊዛዊ

dat Chineesch Mandarin

ቻይናዊ ማንዳሪን

dat Hindi

ሂንዳዊ

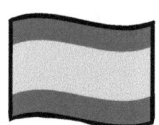

dat Spaansch

እስጳኛዊ

dat Franzöösch

ፈረንሳዊ

dat Araabsch

ዓረባዊ

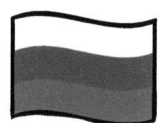

dat Rusch

ሩሲያዊ

dat Portugiesch

ፖርቱጋላዊ

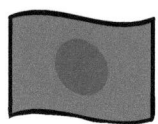

dat Bengaalsch

በንጋሊ

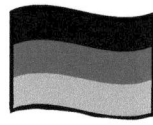

dat Düütsch

ጀርመናዊ

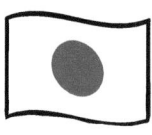

dat Japaansch

ጃፓናዊ

ik
....
አነ

du
....
ንስኻ/ኺ

he / se / dat
....
ንሱ / ንሳ / ንሱ

wi
....
ንሕና

ji
....
ንስኻ

se
....
ንሳቶም

keen?
....
መን?

wat?
....
እንታይ?

woans?
....
ከመይ?

woneem?
....
አበይ?

wannehr?
....
መዓስ?

de Naam
....
ሽም

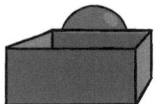

achter

ድሕሪ

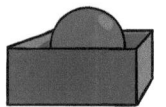

in

አብ

vör

አብ ቅድሚ

över

አብ ላዕሊ

op

አብ ልዕሊ

ünner

ትሕቲ ምድሪ

blangen

አብ ጥቓ

twüschen

አብ መንጎ

de Oort

ቦታ